90 MEDITAÇÕES ESPECIAIS

Pão Diário

É SÓ O COMEÇO

*E, quando ficarem velhos, eu serei o mesmo Deus;
cuidarei de vocês quando tiverem cabelos brancos.
Eu os criei e os carregarei;
eu os ajudarei e salvarei.*
ISAÍAS 46:4 (NTLH)

Publicações
Pão Diário

ESCRITORES:
Albert Lee, Anne M. Cetas, Chek Pang Hia, Cindy Hess Kasper, Dave Branon, Davi Carlos Gomes, David C. McCasland, David H. Roper, H. Dennis Fisher, James Banks, Jaziel Guerreiro Martins, Jennifer Benson Schuldt, Jeremias Pereira da Silva, Joseph M. Stowell, Juarez Marcondes Filho, Julie Ackerman Link, Keila Ochoa, Luis Roberto Silvado, Mart DeHaan, Paschoal Piragine Junior, Poh Fang Chia, Randy K. Kilgore, William E. Crowder

Tradução: Cláudio F. Chagas, Elisa Tisserant de Castro, Irene Giglio
Revisão: Dayse Fontoura, Lozane Winter, Thaís Soler
Edição: Rita Rosário
Coordenação gráfica: Audrey Novac Ribeiro
Capa: Audrey Novac Ribeiro
Diagramação: Priscila Santos

Foto da capa:
© Halfpoint, por Shutterstock

Referências bíblicas:
Exceto se indicado o contrário, as citações bíblicas são extraídas da Edição Revista e Atualizada de João F. de Almeida © 1993 Sociedade Bíblica do Brasil.

Pedidos de permissão para usar citações deste devocional devem ser direcionados a: permissao@paodiario.org

PUBLICAÇÕES PÃO DIÁRIO
Caixa Postal 4190, 82501-970 Curitiba/PR, Brasil
E-mail: publicacoes@paodiario.org
Internet: www.paodiario.org
Telefone: (41) 3257-4028

US789 • ISBN 978-1-68043-265-7
1ª edição: 2016 • 2ª impressão: 2023

© 2016 Ministérios Pão Diário. Todos os direitos reservados.
Impresso na China

Introdução

A **cabo de ler** os originais do *Pão Diário* que agora chega às suas mãos. Ele foi preparado especialmente para pessoas com mais de 60 anos.

Que preciosidade! Um verdadeiro tesouro! É um tesouro, sim, porque as reflexões estão baseadas na Bíblia, a verdadeira Palavra de Deus. É um tesouro porque elas trazem experiências vividas por muitos que andaram com Deus, e continuam a seguir firmes no Caminho. É um tesouro, também, porque nas meditações vêm palavras de encorajamento e esperança. Elas apontam para Jesus, a perfeita revelação de Deus aos homens. Ao mesmo tempo que mostram o amor de Deus manifestado pela morte, sepultamento e ressurreição de Jesus, trazem um convite para você entregar sua vida a Ele, aceitando-o como seu Salvador e Senhor.

Já cruzei a casa dos 80, mas a leitura destas meditações me incentiva a prosseguir com coragem, fé e esperança ao longo de cada dia que Deus ainda me conceder. Firme-se você, também, no Senhor, e o seu caminhar será seguro e amparado pela forte e poderosa mão de Jesus.

> Firme-se você, também, no Senhor, e o seu caminhar será seguro e amparado pela forte e poderosa mão de Jesus.

Recomendo que tome o propósito de ler uma meditação a cada dia. Não se apresse na leitura. Faça-o com o coração aberto para receber o que Deus quiser lhe dar. Se possível, tenha perto um caderno para as anotações. O que você escrever, mesmo que seja uma simples frase, será muito importante para a sua vida espiritual. Faça o que o Espírito Santo lhe orientar. Quantas ideias vão surgir na sua mente! Quanta coisa para ser colocada em prática apesar das limitações impostas pela idade!

Lembre-se, enquanto você viver, Deus poderá usá-lo para trazer glória ao Seu nome, e você pode ser um fator de bênção para muita gente. Então, boa leitura, com as graças do bondoso Pai celestial! —SAMUEL MITT

Dez coisas que aprendi com meu pai

Junto às **lembranças** que me vêm à memória, recordo-me de algumas que o meu pai, M. R. DeHaan, nos ensinou enquanto vivíamos na mesma casa e depois, enquanto trabalhávamos com ele.

Meu pai não teve uma vida fácil. Muito antes de enfrentar os problemas que teve com a retina, submeter-se a uma cirurgia cardíaca e ser diagnosticado com o mal de Parkinson; ele viveu à sombra da personalidade determinante de seu próprio pai. Apesar de a maioria das pessoas o conhecerem como um homem de voz forte, preocupado e fiel estudioso da Bíblia, nós, os que estávamos mais próximos dele, sabíamos que ao longo do caminho, ele lutava com perguntas sérias e profundas quanto às suas habilidades pessoais e autoestima.

Olhando para trás, começo a compreender o quanto ele nos ensinou, não somente por meio de seus pontos fortes, mas também por suas reações aos seus pontos fracos. Com certeza meus três irmãos concordariam que o nosso pai nos ensinou a:

Admitir os nossos erros

Lembramo-nos da disposição dele em admitir suas falhas e não sei por que razão essa característica sempre se sobressai em minha mente. Minha esposa sempre nos falou sobre o quanto esta qualidade nele, a impressionou. Quando ela veio nos visitar para conhecê-los antes do nosso casamento, viu como meu pai aproximou-se da mesa de jantar e antes de sentar-se, pediu desculpas à família por ter se irritado com minha mãe. Simplesmente não consigo pensar em algo que seja tão importante do que admitir os seus próprios erros.

Não tente ser outra pessoa

Meu pai sabia o que significava ser comparado ao seu capacitado e benquisto pai. Algumas pessoas já lhe haviam dito que ele não tinha a capacidade de liderar Ministérios Pão Diário, que havia sido fundado por meu avô. As comparações lhe eram sempre difíceis.

> Cada um de nós podemos ser a pessoa que Deus quer que sejamos.

Mas com o passar do tempo, ele aproveitou esta experiência difícil para demonstrar a cada um de nós como podemos ser a pessoa que Deus quer que sejamos. Por ter enfrentado essas *trincheiras* na batalha com a autoestima, ele nos deu a liberdade que necessitávamos para sermos nós mesmos.

Seja honesto e sonhe alto

Meu pai nos mostrou a importância de sermos honestos nas pequenas coisas. Se recebesse um troco indevido, ele voltaria ao restaurante para devolver. O que outros consideravam *mentirinhas* eram questões enormes para ele. Ele nem sequer exagerava quando recontava um fato. Para ele, os assuntos de urgência ou financeiros não eram desculpas para esquecer o princípio bíblico: "Quem é fiel no pouco também é fiel no muito…" (LUCAS 16:10). Entretanto, prestar atenção aos detalhes não o impedia de sonhar.

Seus sonhos de expansão utilizando-se dos mais modernos meios de comunicação e a multiplicação do ensino da Bíblia se tornaram realidade com o crescimento de Ministérios Pão Diário.

Cuide com o seu falar

Não me lembro de ter ouvido qualquer comentário sobre os erros de outros líderes. Meu pai não participava da "videira" que fazia circular as notícias sobre as falhas alheias. Talvez por ele mesmo ter sofrido por rumores e comentários indelicados. Ele simplesmente aplicava as Escrituras que nos admoestam a amar uns aos outros. O texto em 1 Coríntios 13 era uma de suas passagens bíblicas prediletas e ele a lia muitas vezes para toda a equipe de trabalho.

Não se considere mais do que um grão de sal

A sua relutância em criticar desnecessariamente os outros tinha uma razão de ser. Ele não dava grande atenção às biografias. Embora reconhecesse o valor das "histórias de grandes personagens", ele as via como um grão de sal, pois sabia que a verdadeira história de vida de alguém raramente era publicada.

Aprecie a companhia daqueles que lhe são importantes

Ele trabalhava muito e era um líder responsável. Escrevia, reescrevia e editava as suas mensagens e devocionais até que alcançasse a simplicidade e a clareza que desejava. No entanto, sabia como ninguém o momento de parar de trabalhar para apreciar a companhia das pessoas que amava. Ele gostava de caminhar na praia, ir ao campo na companhia de minha mãe e de jogar golfe com os seus amigos. Lembro-me do quanto ele gostava de demonstrar-nos como usar a vara de pesca, jogando-a num lago silencioso para pescar dourados. Lembramo-nos também dos nossos jogos em casa acompanhados por uma bacia cheia de pipoca.

Cultive o equilíbrio

Por experiência, meu pai aprendeu a ouvir os dois lados de um argumento. Em seus últimos anos, ele nos confidenciou que quando era um jovem gerente, ele ouvia um lado só, quando surgia um conflito com um dos empregados, e achava que já havia compreendido o problema.

Mas ao conversar com outra pessoa, ouvia uma perspectiva completamente diferente. O equilíbrio e a justiça que ele cultivou nos relacionamentos com os empregados transpareciam também em outras situações. Aprendemos com ele as muitas formas de evitar os extremos, tanto na hora de pensar como na hora de agir.

Evite brincadeiras irreverentes

Com o passar dos anos, percebemos que meu pai cultivava um temor sadio pelo Senhor. Se dependesse dele, as brincadeiras e piadas em relação às Escrituras nunca teriam espaço. Isso não significa que não tivesse um belo senso de humor, pois ele gostava de rir, mas determinava o limite quando alguém falava com irreverência sobre Deus ou a Sua Palavra.

Questione a sua compreensão das Escrituras

Por causa da reverência que meu tinha pela Palavra de Deus, nos ensinou a ter cuidado com a maneira como a citávamos. Quando ele lia os textos escritos, anotavas seus questionamentos à margem:

"A Bíblia realmente diz isto? Isto mesmo?" Ele nos mostrou claramente que se desejássemos confiar ou ensinar estritamente o que Deus disse, precisávamos nos dispor a questionarmos nossas próprias motivações e interpretações pessoais.

Confie em Deus e faça o que é certo

Desde que o meu pai foi para a glória do Senhor, muitos familiares, amigos e colaboradores concordam num ponto central que parece representar da melhor forma a vida dele. Grande parte do legado que ele nos deixou pode ser resumido nas palavras: "Confie em Deus e faça o que é certo."

Tantas vezes, ele leu para a sua equipe de trabalho o poema do poeta escocês Norman Macleod (1812-72).

Coragem, irmão, não tropece,
mesmo que o seu caminho seja escuro como a noite.
Existe uma estrela que guia os trôpegos.
Confie em Deus e faça o que é certo.
Alguns vão odiá-lo, outros amá-lo,
Alguns o lisonjearão, outros o menosprezarão;
Afaste-se do homem e olhe para o alto.
Confie em Deus e faça o que é certo.

MART DEHAAN

A força grisalha

LEITURA: **Josué 14:6-12**

...qual era a minha força naquele dia, tal ainda agora... Josué 14:11

A artista Yoni Lefevre criou o projeto "O poder grisalho" para mostrar a vitalidade dos idosos na Holanda. Ela pediu às crianças que desenhassem os seus avós. Yoni queria mostrar uma "visão honesta e pura" dos idosos e acreditava que as crianças poderiam ajudá-la. Os desenhos infantis refletiam uma perspectiva ativa e divertida de seus anciãos; avós e avôs representados jogando tênis, jardinando, pintando e muito mais!

Calebe foi importante em sua idade mais avançada. Ainda jovem, ele infiltrou-se na Terra Prometida antes que os israelitas a conquistassem. Ele cria que Deus ajudaria sua nação a derrotar os cananeus, mas os outros espiões discordaram (JOSUÉ 14:8). Por sua fé, Deus o sustentou, miraculosamente, por 45 anos para que ele sobrevivesse à perambulação no deserto e entrasse na Terra Prometida. Quando chegou o momento de entrar em Canaã, Calebe, 85 anos, disse: "...qual era a minha força naquele dia, tal ainda agora..." (v.11). Com a ajuda de Deus, Calebe pôde reivindicar com sucesso sua parte da terra (NÚMEROS 14:24).

Deus não nos esquece à medida que envelhecemos. Embora o nosso corpo envelheça e a nossa saúde falhe, o Espírito Santo de Deus nos renova interiormente todos os dias (2 CORÍNTIOS 4:16). O Senhor faz a nossa vida ter sentido em todos os estágios e em todas as idades.

JBS

Você pode enfrentar tudo o que estiver à sua frente, com a força e os braços de Deus o sustendo.

LEITURA DE HOJE: **Josué 14:6-12**

⁶Chegaram os filhos de Judá a Josué em Gilgal; e Calebe, filho de Jefoné, o quenezeu, lhe disse: Tu sabes o que o Senhor falou a Moisés, homem de Deus, em Cades-Barneia, a respeito de mim e de ti. ⁷Tinha eu quarenta anos quando Moisés, servo do Senhor, me enviou de Cades-Barneia para espiar a terra; e eu lhe relatei como sentia no coração. ⁸Mas meus irmãos que subiram comigo desesperaram o povo; eu, porém, perseverei em seguir o Senhor, meu Deus. ⁹Então, Moisés, naquele dia, jurou, dizendo: Certamente, a terra em que puseste o pé será tua e de teus filhos, em herança perpetuamente, pois perseveraste em seguir o Senhor, meu Deus. ¹⁰Eis, agora, o Senhor me conservou em vida, como prometeu; quarenta e cinco anos há desde que o Senhor falou esta palavra a Moisés, andando Israel ainda no deserto; e, já agora, sou de oitenta e cinco anos. ¹¹Estou forte ainda hoje como no dia em que Moisés me enviou; qual era a minha força naquele dia, tal ainda agora para o combate, tanto para sair a ele como para voltar. ¹²Agora, pois, dá-me este monte de que o Senhor falou naquele dia, pois, naquele dia, ouviste que lá estavam os anaquins e grandes e fortes cidades; o Senhor, porventura, será comigo, para os desapossar, como prometeu.

Exigência de manual

LEITURA: **Filipenses 4:4-13**

Não andeis ansiosos de coisa alguma; em tudo, porém, sejam conhecidas, diante de Deus, as vossas petições...
Filipenses 4:6

Quando nossa filha e seu noivo começaram a receber os presentes de casamento, foi uma época feliz. Um presente que eles receberam foi um armário que tinha que ser montado — e eu me ofereci para a tarefa, porque eles já tinham muito que fazer para se preparar para o casamento. Embora tenha levado algumas horas, foi mais fácil do que eu esperava. Todas as peças de madeira eram pré-cortadas e pré-perfuradas, e todo o programa de montagem fora incluído. As instruções foram praticamente infalíveis.

Infelizmente, a maior parte da vida não é assim. A vida não traz um manual com instruções simples, nem encontramos todas as peças necessárias à mão. Enfrentamos situações sem ter clareza sobre como devemos lidar com elas ou se vamos conseguir resolvê-las. Podemos facilmente nos sentir oprimidos por esses momentos difíceis.

Mas não precisamos carregar os nossos fardos sozinhos. Deus quer que os levemos a Ele: "Não andeis ansiosos de coisa alguma; em tudo, porém, sejam conhecidas, diante de Deus, as vossas petições [...] e a paz de Deus [...] guardará o vosso coração e a vossa mente em Cristo Jesus" (FILIPENSES 4:6,7).

Temos um Salvador que nos compreende e nos oferece a Sua paz em meio às nossas lutas. ❖ WEC

O segredo da paz é entregar cada ansiedade ao cuidado de Deus.

LEITURA DE HOJE: **Filipenses 4:4-13**

⁴Alegrai-vos sempre no Senhor; outra vez digo: alegrai-vos. ⁵Seja a vossa moderação conhecida de todos os homens. Perto está o Senhor. ⁶Não andeis ansiosos de coisa alguma; em tudo, porém, sejam conhecidas, diante de Deus, as vossas petições, pela oração e pela súplica, com ações de graças. ⁷E a paz de Deus, que excede todo o entendimento, guardará o vosso coração e a vossa mente em Cristo Jesus. ⁸Finalmente, irmãos, tudo o que é verdadeiro, tudo o que é respeitável, tudo o que é justo, tudo o que é puro, tudo o que é amável, tudo o que é de boa fama, se alguma virtude há e se algum louvor existe, seja isso o que ocupe o vosso pensamento. ⁹O que também aprendestes, e recebestes, e ouvistes, e vistes em mim, isso praticai; e o Deus da paz será convosco. ¹⁰Alegrei-me, sobremaneira, no Senhor porque, agora, uma vez mais, renovastes a meu favor o vosso cuidado; o qual também já tínheis antes, mas vos faltava oportunidade. ¹¹Digo isto, não por causa da pobreza, porque aprendi a viver contente em toda e qualquer situação. ¹²Tanto sei estar humilhado como também ser honrado; de tudo e em todas as circunstâncias, já tenho experiência, tanto de fartura como de fome; assim de abundância como de escassez; ¹³tudo posso naquele que me fortalece.

Chuvas extraordinárias

LEITURA: **Ezequiel 34:25-31**

Delas e dos lugares ao redor do meu outeiro, eu farei bênção; farei descer a chuva a seu tempo, serão chuvas de bênçãos. Ezequiel 34:26

O **que peixes, girinos** e aranhas têm em comum? Todos eles caíram do céu como chuva em várias partes do mundo. Peixes caíram sobre a cidade australiana de Lajamanu. Girinos caíram sobre áreas centrais do Japão em várias ocasiões. Choveram aranhas sobre as montanhas San Bernardo, na Argentina. Embora os cientistas suspeitem que o vento desempenhe seu papel nestas intrigantes chuvas, ninguém consegue explicar totalmente esse fenômeno.

O profeta Ezequiel descreveu uma chuva torrencial muito mais extraordinária — uma chuva de bênção (EZEQUIEL 34:26). Ezequiel falou de um tempo quando Deus enviaria bênçãos como chuva para avivar Seu povo. Os israelitas seriam salvos das nações inimigas. Eles teriam comida suficiente, seriam libertos da escravidão e livres da vergonha (v.27-29). Estes presentes fariam reviver a relação de Israel com Deus. As pessoas saberiam que Deus estava com eles, e que eles eram a casa de Israel, [Seu] povo (v. 30).

Deus também abençoa os Seus seguidores nos dias de hoje (TIAGO 1:17). Às vezes, as bênçãos abundam como chuva; às vezes, elas pingam gota a gota. Se muitas ou poucas, as coisas boas que recebemos vêm com uma mensagem de Deus: *Eu vejo suas necessidades. Você é meu, e cuidarei de você.* JBS

As bênçãos que recebemos são lembretes diários do amor de Deus por nós.

LEITURA DE HOJE: Ezequiel 34:25-31

²⁵Farei com elas aliança de paz e acabarei com as bestas-feras da terra; seguras habitarão no deserto e dormirão nos bosques. ²⁶Delas e dos lugares ao redor do meu outeiro, eu farei bênção; farei descer a chuva a seu tempo, serão chuvas de bênçãos. ²⁷As árvores do campo darão o seu fruto, e a terra dará a sua novidade, e estarão seguras na sua terra; e saberão que eu sou o Senhor, quando eu quebrar as varas do seu jugo e as livrar das mãos dos que as escravizavam. ²⁸Já não servirão de rapina aos gentios, e as feras da terra nunca mais as comerão; e habitarão seguramente, e ninguém haverá que as espante. ²⁹Levantar-lhes-ei plantação memorável, e nunca mais serão consumidas pela fome na terra, nem mais levarão sobre si o opróbrio dos gentios. ³⁰Saberão, porém, que eu, o Senhor, seu Deus, estou com elas e que elas são o meu povo, a casa de Israel, diz o Senhor Deus. ³¹Vós, pois, ó ovelhas minhas, ovelhas do meu pasto; homens sois, mas eu sou o vosso Deus, diz o Senhor Deus.

É tarde demais para mudar?

LEITURA: **João 3:1-8,13-16**

**Perguntou-lhe Nicodemos:
Como pode um homem nascer, sendo velho?...** João 3:4

Há ditados em várias línguas sobre a dificuldade de mudar hábitos há muito estabelecidos. Em inglês: "Você não pode ensinar truques novos a um cão velho." Em francês: "Você não pode ensinar um macaco velho como ter uma cara engraçada." Em espanhol: "Um papagaio velho não pode aprender a falar."

Quando Jesus disse a Nicodemos que ele deveria "nascer de novo" para "ver o Reino de Deus", ele respondeu: "Como pode um homem nascer, sendo velho? Pode, porventura, voltar ao ventre materno e nascer segunda vez?" (JOÃO 3:3,4). O professor e autor Merrill Tenney sugere que Nicodemos estava, efetivamente, dizendo: "Reconheço que um novo nascimento é necessário, mas estou velho demais para mudar. Meu padrão de vida está definido. Nascimento físico está fora de questão e renascimento psicológico parece ainda menos provável... Meu caso não tem esperança?"

A resposta de Jesus incluía estas palavras: "Porque Deus amou ao mundo de tal maneira que deu o seu Filho unigênito, para que todo o que nele crê não pereça, mas tenha a vida eterna" (v.16). Esta é a oferta de vida nova e um novo começo para qualquer pessoa, jovem ou idoso.

Qualquer que seja a nossa idade ou situação na vida, com o poder de Deus, nunca é tarde demais para mudar. DCM

É possível mudar porque Deus é poderoso.

LEITURA DE HOJE: João 3:1-8,13-16

¹Havia, entre os fariseus, um homem chamado Nicodemos, um dos principais dos judeus. ²Este, de noite, foi ter com Jesus e lhe disse: Rabi, sabemos que és Mestre vindo da parte de Deus; porque ninguém pode fazer estes sinais que tu fazes, se Deus não estiver com ele. ³A isto, respondeu Jesus: Em verdade, em verdade te digo que, se alguém não nascer de novo, não pode ver o reino de Deus. ⁴Perguntou-lhe Nicodemos: Como pode um homem nascer, sendo velho? Pode, porventura, voltar ao ventre materno e nascer segunda vez? ⁵Respondeu Jesus: Em verdade, em verdade te digo: quem não nascer da água e do Espírito não pode entrar no reino de Deus. ⁶O que é nascido da carne é carne; e o que é nascido do Espírito é espírito. ⁷Não te admires de eu te dizer: importa-vos nascer de novo. ⁸O vento sopra onde quer, ouves a sua voz, mas não sabes donde vem, nem para onde vai; assim é todo o que é nascido do Espírito. [...] ¹³Ora, ninguém subiu ao céu, senão aquele que de lá desceu, a saber, o Filho do Homem [que está no céu]. ¹⁴E do modo por que Moisés levantou a serpente no deserto, assim importa que o Filho do Homem seja levantado, ¹⁵para que todo o que nele crê tenha a vida eterna. ¹⁶Porque Deus amou ao mundo de tal maneira que deu o seu Filho unigênito, para que todo o que nele crê não pereça, mas tenha a vida eterna.

Quando Deus fala mansamente

LEITURA: **1 Reis 19:1-12**

Deitou-se e dormiu debaixo do zimbro; eis que um anjo o tocou e lhe disse: Levanta-te e come. 1 Reis 19:5

Adoro tirar fotos do pôr do sol no lago próximo de onde moro. Alguns se mostram em sutis tons pastéis. Outros são pincelados de cores brilhantes. Às vezes, o sol se esconde silenciosamente por trás do lago. Outras vezes, ele desce como uma explosão de fogo.

Nas fotos ou ao vivo, prefiro a última opção. Mas ambas mostram a criação de Deus. Quando se trata de Sua obra no mundo, minhas preferências são as mesmas. Prefiro ver respostas dramáticas à oração do que as provisões comuns do pão de cada dia. Mas ambas são obras de Deus.

Elias pode ter tido preferências semelhantes. Ele tinha se acostumado a ser o centro das grandes manifestações do poder do Senhor. Quando ele orou, Deus manifestou-se de forma dramática — primeiro em uma milagrosa derrota dos profetas de Baal e, então, no final de uma longa e devastadora seca (1 REIS 18). Mas em seguida, Elias sentiu medo e começou a correr. Deus enviou um anjo para alimentá-lo e fortalecê-lo para sua viagem. Depois de 40 dias, ele chegou a Horebe. Deus lhe mostrou que Ele agora estava se comunicando com suavidade, não com milagres esplendorosos (19:11,12).

Se você está desanimado porque Deus não apareceu numa chama de glória, talvez Ele esteja se revelando com Sua presença tranquila. ❧

JAL

Deus está nas pequenas coisas,
assim como nas grandes.

LEITURA DE HOJE: **1 Reis 19:1-12**

¹Acabe fez saber a Jezabel tudo quanto Elias havia feito [...] ⁴Ele [...] pediu para si a morte e disse: Basta; toma agora, ó SENHOR, a minha alma, pois não sou melhor do que meus pais. ⁵Deitou-se e dormiu debaixo do zimbro; eis que um anjo o tocou e lhe disse: Levanta-te e come. ⁶Olhou ele e viu, junto à cabeceira, um pão cozido sobre pedras em brasa e uma botija de água. Comeu, bebeu e tornou a dormir. ⁷Voltou segunda vez o anjo do SENHOR, tocou-o e lhe disse: Levanta-te e come, porque o caminho te será sobremodo longo. ⁸Levantou-se, pois, comeu e bebeu; e, com a força daquela comida, caminhou quarenta dias e quarenta noites até Horebe, o monte de Deus. ⁹Ali, entrou numa caverna, onde passou a noite; e eis que lhe veio a palavra do SENHOR e lhe disse: Que fazes aqui, Elias? ¹⁰Ele respondeu: Tenho sido zeloso pelo SENHOR, Deus dos Exércitos, porque os filhos de Israel deixaram a tua aliança, derribaram os teus altares e mataram os teus profetas à espada; e eu fiquei só, e procuram tirar-me a vida. ¹¹Disse-lhe Deus: Sai e põe-te neste monte perante o SENHOR. Eis que passava o SENHOR; e um grande e forte vento fendia os montes e despedaçava as penhas diante do SENHOR, porém o SENHOR não estava no vento; depois do vento, um terremoto, mas o Senhor não estava no terremoto; ¹²depois do terremoto, um fogo, mas o SENHOR não estava no fogo; e, depois do fogo, um cicio tranquilo e suave.

Quando os outros não perdoam

LEITURA: **Filipenses 3:12-16**

...esquecendo-me das coisas que para trás ficam [...] prossigo para o alvo... Filipenses 3:13,14

Eu estava almoçando com dois homens que tinham entregado suas vidas a Cristo enquanto estavam na prisão. O mais jovem estava desanimado porque a família a quem ele havia roubado não queria perdoá-lo.

"Meu crime foi violento", disse o homem mais velho. "Continua a assombrar e afetar a família até hoje. Eles não me perdoaram, a dor deles é enorme. No início, me senti paralisado por este anseio em conquistar o perdão deles." E continuou sua história: "Então, um dia percebi que estava adicionando o egoísmo ao meu quebrantamento. É muito esperar que a família me perdoe? Eu estava concentrado no que sentia que precisava curar do meu passado. Levou algum tempo para perceber que o perdão da família era uma questão entre eles e Deus."

"Como você consegue suportar isso?", perguntou o jovem.

O homem mais velho explicou-lhe o que Deus tinha feito por ele, apesar de ele não merecer, e que os outros, simplesmente não poderiam fazer: Ele morreu por nossos pecados, e mantém a Sua promessa de lançar os nossos pecados "...tão distante quanto o oriente está do ocidente" (SALMO 103:12) e que Ele "...não se lembrará mais dos nossos pecados" (ISAÍAS 43:25).

Em face de tão grande amor, honramos a Deus quando aceitamos o Seu perdão como suficiente. Devemos nos esquecer das coisas que para trás ficam e prosseguir para o alvo (FILIPENSES 3:13,14). 🌿

RKK

A obra de Cristo é suficiente para perdoar todo o pecado.

LEITURA DE HOJE: **Filipenses 3:12-16**

¹²Não que eu o tenha já recebido ou tenha já obtido a perfeição; mas prossigo para conquistar aquilo para o que também fui conquistado por Cristo Jesus. ¹³Irmãos, quanto a mim, não julgo havê-lo alcançado; mas uma coisa faço: esquecendo-me das coisas que para trás ficam e avançando para as que diante de mim estão, ¹⁴prossigo para o alvo, para o prêmio da soberana vocação de Deus em Cristo Jesus. ¹⁵Todos, pois, que somos perfeitos, tenhamos este sentimento; e, se, porventura, pensais doutro modo, também isto Deus vos esclarecerá. ¹⁶Todavia, andemos de acordo com o que já alcançamos.

Uma resposta ao clamor

LEITURA: **Isaías 30:15-22**

...certamente se compadecerá de ti, à voz do teu clamor, e, ouvindo-a, te responderá. Isaías 30:19

Quando meus netos eram pequenos, meu filho os levou para verem a produção teatral do *Rei Leão*. Quando o jovem leão, Simba, se deteve ao lado de seu pai, o Rei Mufasa, que havia sido morto por seu malvado tio, o pequeno Simba, sozinho e amedrontado, gritou: "Socorro! Socorro! Socorro!" Naquele momento, meu neto de 3 anos ficou em pé, em sua cadeira, e no silencioso teatro gritou: "Por que alguém não vai ajudá-lo?"

O Antigo Testamento contém muitos relatos do povo de Deus clamando por socorro. Apesar de os problemas que eles tinham serem, muitas vezes, autoimpostos por causa de sua obstinação, ainda assim, Deus estava pronto para auxiliá-los.

Embora o profeta Isaías tenha tido que entregar muitas más notícias, em meio a elas, ele assegurou ao povo: "...o Senhor espera, para ter misericórdia de vós, e se detém, para se compadecer de vós, [...] se compadecerá de ti, à voz do teu clamor..." (ISAÍAS 30:18,19). Contudo, Deus com frequência olha para o Seu próprio povo para que este seja a resposta a esse pedido de socorro (ISAÍAS 58:10).

Hoje, as pessoas ao nosso redor estão precisando de alguém que tome providências para ajudá-las. É um alto privilégio se tornar as mãos de Deus ao respondermos a esses pedidos de ajuda em Seu nome.

JMS

Demonstre que Deus se importa: estenda uma mão amiga.

LEITURA DE HOJE: Isaías 30:15-22

¹⁵Porque assim diz o SENHOR Deus, o Santo de Israel: Em vos converterdes e em sossegardes, está a vossa salvação; na tranquilidade e na confiança, a vossa força, mas não o quisestes. ¹⁶Antes, dizeis: Não, sobre cavalos fugiremos; portanto, fugireis; e: Sobre cavalos ligeiros cavalgaremos; sim, ligeiros serão os vossos perseguidores. ¹⁷Mil homens fugirão pela ameaça de apenas um; pela ameaça de cinco, todos vós fugireis, até que sejais deixados como o mastro no cimo do monte e como o estandarte no outeiro. ¹⁸Por isso, o SENHOR espera, para ter misericórdia de vós, e se detém, para se compadecer de vós, porque o SENHOR é Deus de justiça; bem-aventurados todos os que nele esperam. ¹⁹Porque o povo habitará em Sião, em Jerusalém; tu não chorarás mais; certamente, se compadecerá de ti, à voz do teu clamor, e, ouvindo-a, te responderá. ²⁰Embora o Senhor vos dê pão de angústia e água de aflição, contudo, não se esconderão mais os teus mestres; os teus olhos verão os teus mestres. ²¹Quando te desviares para a direita e quando te desviares para a esquerda, os teus ouvidos ouvirão atrás de ti uma palavra, dizendo: Este é o caminho, andai por ele. ²²E terás por contaminados a prata que recobre as imagens esculpidas e o ouro que reveste as tuas imagens de fundição; lançá-las-ás fora como coisa imunda e a cada uma dirás: Fora daqui!

Unidos

LEITURA: **Efésios 4:5-16**

Pois somos feitura dele, criados em Cristo Jesus para boas obras... Efésios 2:10

Minha esposa, Janete, me presenteou com um novo violão no meu aniversário de 65 anos. Originalmente desenvolvido nos anos de 1900, o estilo dele é maior do que a maioria dos violões fabricados naquela época, e ele é famoso por seu som nítido e alto. A parte de trás desse instrumento é única. Devido à escassez de peças largas de jacarandá de alta qualidade, os artesãos, de modo inovador, encaixaram três pequenos pedaços de madeira, o que resultou em um som mais rico.

A obra de Deus é muito parecida com esse modelo inovador de violão. Jesus reúne os fragmentos e os une de modo a lhe trazer louvor. Ele recrutou cobradores de impostos, revolucionários judeus, pescadores e outros tipos de pessoas para serem os Seus seguidores. E no transcorrer dos séculos, Cristo continua a chamar pessoas de vários estilos de vida. O apóstolo Paulo nos diz: "...de quem todo o corpo, bem ajustado e consolidado pelo auxílio de toda junta, segundo a justa cooperação de cada parte, efetua o seu próprio aumento para a edificação de si mesmo em amor" (EFÉSIOS 4:16).

Nas mãos do Mestre, muitos tipos de pessoas estão sendo encaixadas e unidas de modo a resultar em algo com enorme potencial para louvar a Deus e servir aos outros.

HDF

Podemos realizar muito mais juntos do que sozinhos.

LEITURA DE HOJE: Efésios 4:5-16

⁵...há um só Senhor, uma só fé, um só batismo; ⁶um só Deus e Pai de todos, o qual é sobre todos, age por meio de todos e está em todos. ⁷E a graça foi concedida a cada um de nós segundo a proporção do dom de Cristo. ⁸Por isso, diz: Quando ele subiu às alturas, levou cativo o cativeiro e concedeu dons aos homens. ⁹Ora, que quer dizer subiu, senão que também havia descido até às regiões inferiores da terra? ¹⁰Aquele que desceu é também o mesmo que subiu acima de todos os céus, para encher todas as coisas. ¹¹E ele mesmo concedeu uns para apóstolos, outros para profetas, outros para evangelistas e outros para pastores e mestres, ¹²com vistas ao aperfeiçoamento dos santos para o desempenho do seu serviço, para a edificação do corpo de Cristo, ¹³até que todos cheguemos à unidade da fé e do pleno conhecimento do Filho de Deus, à perfeita varonilidade, à medida da estatura da plenitude de Cristo, ¹⁴para que não mais sejamos como meninos, agitados de um lado para outro e levados ao redor por todo vento de doutrina, pela artimanha dos homens, pela astúcia com que induzem ao erro. ¹⁵Mas, seguindo a verdade em amor, cresçamos em tudo naquele que é a cabeça, Cristo, ¹⁶de quem todo o corpo, bem ajustado e consolidado pelo auxílio de toda junta, segundo a justa cooperação de cada parte, efetua o seu próprio aumento para a edificação de si mesmo em amor.

Hábitos de uma mente saudável

LEITURA: **Salmo: 37:1-8**

Confia no SENHOR e faze o bem... Salmo 37:3

Hoje se fala muito sobre como melhorar a nossa saúde praticando hábitos que estimulem o otimismo, seja ao enfrentarmos um difícil diagnóstico médico ou uma pilha de roupa suja. Barbara Fredrickson, doutora e professora de psicologia numa renomada universidade, diz que devemos praticar atividades que venham a trazer alegria, gratidão, amor e outros sentimentos positivos. Sabemos, no entanto, que é necessário mais do que o desejo generalizado de ter bons sentimentos. Precisamos da forte convicção de que há uma fonte de alegria, de paz e de amor da qual podemos depender.

O Salmo 37:1-8 oferece ações positivas que podemos praticar como antídoto para o pessimismo e o desânimo. Considere isso: "Confia no SENHOR e faze o bem..." "...habita na terra e alimenta-te da verdade..." (v.3); "...agrada-te do SENHOR, e ele satisfará os desejos do teu coração..." (v.4); "...entrega o teu caminho ao SENHOR, confia nele..." (v.5); "...fará sobressair a tua justiça como a luz e o teu direito, como o sol ao meio-dia..." (v.6); "...deixa a ira, abandona o furor..." (v.8).

Essas diretrizes são mais do que pensamentos esperançosos ou sugestões infundadas; por causa de Jesus e na força dele, elas se tornam possíveis.

Nossa única e verdadeira fonte de otimismo é a redenção que há em Jesus. Ele é o nosso motivo de esperança! ● DCM

Quando há más notícias,
nossa esperança é a boa-nova de Jesus.

LEITURA DE HOJE: **Salmo: 37:1-8**

¹Não te indignes por causa dos malfeitores, nem tenhas inveja dos que praticam a iniquidade. ²Pois eles dentro em breve definharão como a relva e murcharão como a erva verde. ³Confia no Senhor e faze o bem; habita na terra e alimenta-te da verdade. ⁴Agrada-te do Senhor, e ele satisfará os desejos do teu coração. ⁵Entrega o teu caminho ao Senhor, confia nele, e o mais ele fará. ⁶Fará sobressair a tua justiça como a luz e o teu direito, como o sol ao meio-dia. ⁷Descansa no Senhor e espera nele, não te irrites por causa do homem que prospera em seu caminho, por causa do que leva a cabo os seus maus desígnios. ⁸Deixa a ira, abandona o furor; não te impacientes; certamente, isso acabará mal.

Festa de aniversário

LEITURA: **Salmo 71:5-18**

Em ti me tenho apoiado desde o meu nascimento [...] tu és motivo para os meus louvores constantemente. Salmo 71:6

Sempre gostei muito de festas de aniversários. Ainda me lembro de estar em pé, em nossa varanda, esperando animadamente meus amigos aparecerem para minha festa de aniversário de 5 anos. Não estava animado apenas com os balões, os presentes e o bolo. Estava muito feliz porque eu não tinha mais 4 anos! Eu estava crescendo!

À medida que envelheço, entretanto, os aniversários, às vezes, têm sido mais desanimadores do que incentivadores. Anos atrás, quando comemorei um aniversário que me marcou pelas décadas que tinha completado, mais do que pelo ano em si, minha esposa, Martie, me encorajou muito, lembrando-me de que eu deveria ser grato por estar envelhecendo. E mostrou-me o Salmo 71, no qual o salmista fala sobre a presença de Deus durante toda a sua vida. Este salmo me lembrou de que Deus me tirou do "ventre materno" (71:6), e como o salmista proclamou com gratidão: "Tu me tens ensinado, ó Deus, desde a minha mocidade; e até agora tenho anunciado as tuas maravilhas" (v.17). E agora, mais velho, o mesmo salmista tem a honra de proclamar: "...à presente geração a tua força e às vindouras o teu poder" (v.18). Deus o abençoou com Sua presença todos os anos de sua vida.

Hoje, os aniversários me fazem recordar a fidelidade de Deus, e me aproximam ainda mais da presença daquele que esteve ao meu lado todos estes anos! ● JMS

Conte as suas muitas bênçãos, aniversário após aniversário.

LEITURA DE HOJE: **Salmo 71:5-18**

⁵Pois tu és a minha esperança, Senhor Deus, a minha confiança desde a minha mocidade. ⁶Em ti me tenho apoiado desde o meu nascimento; do ventre materno tu me tiraste, tu és motivo para os meus louvores constantemente. ⁷Para muitos sou como um portento, mas tu és o meu forte refúgio. ⁸Os meus lábios estão cheios do teu louvor e da tua glória continuamente. ⁹Não me rejeites na minha velhice; quando me faltarem as forças, não me desampares. ¹⁰Pois falam contra mim os meus inimigos; e os que me espreitam a alma consultam reunidos, ¹¹dizendo: Deus o desamparou; persegui-o e prendei-o, pois não há quem o livre. ¹²Não te ausentes de mim, ó Deus; Deus meu, apressa-te em socorrer-me. ¹³Sejam envergonhados e consumidos os que são adversários de minha alma; cubram-se de opróbrio e de vexame os que procuram o mal contra mim. ¹⁴Quanto a mim, esperarei sempre e te louvarei mais e mais. ¹⁵A minha boca relatará a tua justiça e de contínuo os feitos da tua salvação, ainda que eu não saiba o seu número. ¹⁶Sinto-me na força do Senhor Deus; e rememoro a tua justiça, a tua somente. ¹⁷Tu me tens ensinado, ó Deus, desde a minha mocidade; e até agora tenho anunciado as tuas maravilhas. ¹⁸Não me desampares, pois, ó Deus, até à minha velhice e às cãs; até que eu tenha declarado à presente geração a tua força e às vindouras o teu poder.

Quem é o chefe?

LEITURA: **Romanos 6:1-14**

Porque o pecado não terá domínio sobre vós; pois não estais debaixo da lei, e sim da graça. Romanos 6:14

Quando minha esposa estava cuidando de nossos dois netos, eles começaram a discutir por causa de um brinquedo. De repente, o mais novo ordenou ao irmão mais velho: "Vá para o seu quarto!" Com os ombros caídos pelo peso de tal repreensão, abatido, ele começou a esgueirar-se até o seu quarto, quando minha esposa lhe disse: "Você não tem que ir para seu quarto. O seu irmão não é o seu chefe!" Essa percepção mudou tudo, e ele, sorrindo, sentou-se para brincar.

Como seguidores de Cristo, o nosso quebrantamento e a nossa inclinação para o pecado podem assumir uma falsa autoridade muito parecida com a do irmão mais novo. O pecado ruidosamente ameaça dominar o nosso coração e a nossa mente, e a alegria desaparece do nosso relacionamento com o Salvador.

Mas por meio da morte e ressurreição de Cristo, essa ameaça é vazia. O pecado não tem autoridade sobre nós. É por isto que Paulo escreveu: "Porque o pecado não terá domínio sobre vós; pois não estais debaixo da lei, e sim da graça" (ROMANOS 6:14).

Embora o nosso quebrantamento seja verdadeiro, a graça de Cristo nos permite viver de forma que agrade a Deus e expresse o Seu poder transformador para o mundo. O pecado não mais nos domina. Agora, nós vivemos na graça e na presença de Jesus. O domínio dele sobre a nossa vida nos liberta da escravidão do pecado. ❧

WEC

Deus nos busca em nossa inquietação, nos recebe e nos ampara em nosso quebrantamento. SCOTTY SMITH

LEITURA DE HOJE: **Romanos 6:1-14**

¹Que diremos, pois? Permaneceremos no pecado, para que seja a graça mais abundante? ²De modo nenhum! Como viveremos ainda no pecado, nós os que para ele morremos? ³Ou, porventura, ignorais que todos nós que fomos batizados em Cristo Jesus fomos batizados na sua morte? ⁴Fomos, pois, sepultados com ele na morte pelo batismo; para que, como Cristo foi ressuscitado dentre os mortos pela glória do Pai, assim também andemos nós em novidade de vida. ⁵Porque, se fomos unidos com ele na semelhança da sua morte, certamente, o seremos também na semelhança da sua ressurreição, ⁶sabendo isto: que foi crucificado com ele o nosso velho homem, para que o corpo do pecado seja destruído, e não sirvamos o pecado como escravos; ⁷porquanto quem morreu está justificado do pecado. ⁸Ora, se já morremos com Cristo, cremos que também com ele viveremos, ⁹sabedores de que, havendo Cristo ressuscitado dentre os mortos, já não morre; a morte já não tem domínio sobre ele. ¹⁰Pois, quanto a ter morrido, de uma vez para sempre morreu para o pecado; mas, quanto a viver, vive para Deus. ¹¹Assim também vós considerai-vos mortos para o pecado, mas vivos para Deus, em Cristo Jesus. ¹²Não reine, portanto, o pecado em vosso corpo mortal, [...] mas oferecei-vos a Deus, [...] a Deus, como instrumentos de justiça. ¹⁴Porque o pecado não terá domínio sobre vós; pois não estais debaixo da lei, e sim da graça.

O visitante

LEITURA: **Mateus 25:31-40**

...estava nu, e me vestistes; enfermo, e me visitastes; preso, e fostes ver-me. Mateus 25:36

Meu amigo perguntou a um senhor aposentado o que ele fazia em seu tempo livre. "Sou um visitador", ele respondeu. "Visito as pessoas da igreja e da comunidade que estão em hospitais, centros de reabilitação, e os que moram sozinhos ou precisam de alguém para conversar e orar juntos. Gosto de fazer isto!" Meu amigo ficou impressionado com a clara percepção deste homem sobre os seus planos de ação e cuidados com os outros.

Alguns dias antes de ser crucificado, Jesus contou aos Seus seguidores uma história que enfatiza a importância de visitar os necessitados. "...dirá o Rei, [...] porque tive fome, e me destes de comer; tive sede, e me destes de beber; era forasteiro, e me hospedastes; estava nu, e me vestistes; enfermo, e me visitastes; preso, e fostes ver-me" (25:35,36). Quando lhe perguntaram: "Senhor, quando foi que te vimos com fome e te demos de comer? Ou com sede e te demos de beber? E quando te vimos forasteiro e te hospedamos? Ou nu e te vestimos? E quando te vimos enfermo ou preso e te fomos visitar? O Rei, respondendo, lhes dirá: Em verdade vos afirmo que, sempre que o fizestes a um destes meus pequeninos irmãos, a mim o fizestes" (v.39,40).

O ministério de visitação beneficia a pessoa que foi alcançada e agrada o Senhor. Servi-lo significa ir ao encontro das pessoas levando-lhes ajuda e encorajamento. Você pode encorajar alguém hoje? ❧

DCM

Ter compaixão é compreender os problemas dos outros, e ter o desejo urgente de ajudar.

LEITURA DE HOJE: Mateus 25:31-40

³¹Quando vier o Filho do Homem na sua majestade e todos os anjos com ele, então, se assentará no trono da sua glória; ³²e todas as nações serão reunidas em sua presença, e ele separará uns dos outros, como o pastor separa dos cabritos as ovelhas; ³³e porá as ovelhas à sua direita, mas os cabritos, à esquerda; ³⁴então, dirá o Rei aos que estiverem à sua direita: Vinde, benditos de meu Pai! Entrai na posse do reino que vos está preparado desde a fundação do mundo. ³⁵Porque tive fome, e me destes de comer; tive sede, e me destes de beber; era forasteiro, e me hospedastes; ³⁶estava nu, e me vestistes; enfermo, e me visitastes; preso, e fostes ver-me. ³⁷Então, perguntarão os justos: Senhor, quando foi que te vimos com fome e te demos de comer? Ou com sede e te demos de beber? ³⁸E quando te vimos forasteiro e te hospedamos? Ou nu e te vestimos? ³⁹E quando te vimos enfermo ou preso e te fomos visitar? ⁴⁰O Rei, respondendo, lhes dirá: Em verdade vos afirmo que, sempre que o fizestes a um destes meus pequeninos irmãos, a mim o fizestes.

Alcançando-nos

LEITURA: **Salmo 32:1-5**

Enquanto calei os meus pecados, envelheceram os meus ossos pelos meus constantes gemidos todo o dia. Salmo 32.3

Um **pastor contou** uma história sobre si mesmo, e disse que ao conversar com um senhor mais idoso, a quem havia sido apresentado, disse: "Então, você trabalhava para uma empresa de serviços públicos", nomeando a tal empresa. "Certamente!", respondeu-lhe aquele senhor. O pastor observou que os cabos dessa empresa passavam pela propriedade de seus pais, quando ele ainda era criança. "Onde você morava?", perguntou-lhe o homem. Quando o pastor lhe respondeu, ele replicou: "Lembro-me dessa propriedade. Naquela época tive muita dificuldade para manter os cabos com os avisos de advertência. As crianças sempre os arrancavam." Quando o rosto do pastor ruborizou-se de constrangimento, aquele senhor completou: "Você era um deles, não era?" Sim, na verdade, ele era. O pastor relatou a sua história de confissão e afirmou: "Esteja certo de que seu pecado irá encontrá-lo", baseado nas palavras de Moisés: "...sabei que o vosso pecado vos há de achar" (NÚMEROS 32:23).

Os nossos erros antigos nos encontram. Os pecados ainda não confessados podem trazer graves consequências. Davi os lamenta no Salmo 32: "Enquanto calei os meus pecados, envelheceram os meus ossos pelos meus constantes gemidos todo o dia. Confessei-te o meu pecado [...] e tu perdoaste a iniquidade do meu pecado" (v.5). Por meio da confissão podemos desfrutar do perdão de Deus. JDB

Os cristãos podem apagar de sua memória o que Deus já apagou de Seu registro.

LEITURA DE HOJE: **Salmo 32:1-5**

¹Bem-aventurado aquele cuja iniquidade é perdoada, cujo pecado é coberto. ²Bem-aventurado o homem a quem o SENHOR não atribui iniquidade e em cujo espírito não há dolo. ³Enquanto calei os meus pecados, envelheceram os meus ossos pelos meus constantes gemidos todo o dia. ⁴Porque a tua mão pesava dia e noite sobre mim, e o meu vigor se tornou em sequidão de estio. ⁵Confessei-te o meu pecado e a minha iniquidade não mais ocultei. Disse: confessarei ao SENHOR as minhas transgressões; e tu perdoaste a iniquidade do meu pecado.

Estações para todas as coisas

LEITURA: **Eclesiastes 3:1-13**

Tudo tem o seu tempo determinado, e há tempo para todo propósito debaixo do céu... Eclesiastes 3:1

Se você for como eu, deve lutar para dizer *não* no momento de receber uma nova responsabilidade — especialmente se for para uma boa causa e diretamente relacionada a ajudar aos outros. Podemos ter boas razões para selecionar com cuidado as nossas prioridades. Entretanto, ao não concordarmos em fazer mais, podemos sentir o peso da culpa ou pensar que, de alguma forma, falhamos em nossa caminhada de fé.

Mas em Eclesiastes 3:1-8, vemos que a sabedoria reconhece que tudo na vida tem o seu período específico — nas atividades do ser humano e na natureza: "...há tempo para todo propósito debaixo do céu" (3:1).

Talvez você esteja prestes a se casar ou ter o seu primeiro filho. Talvez esteja saindo da universidade e entrando no mercado de trabalho, ou quem sabe, se aposentando. Ao passarmos de uma estação para outra, as nossas prioridades mudam. Talvez precisemos colocar de lado o que fizemos no passado e canalizar a nossa energia em algo diferente.

Quando a vida traz mudanças em nossas circunstâncias e obrigações, precisamos, com responsabilidade e sabedoria, discernir que tipo de concessões devemos considerar, buscando em tudo o que fizermos, fazer "...tudo para a glória de Deus" (1 CORÍNTIOS 10:31). Provérbios 3:6 promete que se reconhecermos o Senhor em todos os nossos caminhos, Ele nos guiará no caminho em que devemos seguir. ❦

PFC

*O comprometimento com Cristo
é um chamado diário que nos desafia.*

LEITURA DE HOJE: Eclesiastes 3:1-13

¹Tudo tem o seu tempo determinado, e há tempo para todo propósito debaixo do céu: ²há tempo de nascer e tempo de morrer; tempo de plantar e tempo de arrancar o que se plantou; ³tempo de matar e tempo de curar; tempo de derribar e tempo de edificar; ⁴tempo de chorar e tempo de rir; tempo de prantear e tempo de saltar de alegria; ⁵tempo de espalhar pedras e tempo de ajuntar pedras; tempo de abraçar e tempo de afastar-se de abraçar; ⁶tempo de buscar e tempo de perder; tempo de guardar e tempo de deitar fora; ⁷tempo de rasgar e tempo de coser; tempo de estar calado e tempo de falar; ⁸tempo de amar e tempo de aborrecer; tempo de guerra e tempo de paz. O homem não conhece o seu tempo determinado. ⁹Que proveito tem o trabalhador naquilo com que se afadiga? ¹⁰Vi o trabalho que Deus impôs aos filhos dos homens, para com ele os afligir. ¹¹Tudo fez Deus formoso no seu devido tempo; também pôs a eternidade no coração do homem, sem que este possa descobrir as obras que Deus fez desde o princípio até ao fim. ¹²Sei que nada há melhor para o homem do que regozijar-se e levar vida regalada; ¹³e também que é dom de Deus que possa o homem comer, beber e desfrutar o bem de todo o seu trabalho.

Um lugar onde estar

LEITURA: **Neemias 1:4-11**

Na casa de meu Pai há muitas moradas. Se assim não fora, eu vo-lo teria dito. Pois vou preparar-vos lugar. João 14:2

Milhares de filamentos de tempo, acontecimentos e pessoas entremeiam-se formando uma tapeçaria que chamamos de "lar". Mais do que simplesmente uma casa, o lar é o lugar onde o sentido, o pertencimento e a segurança se unem sob a cobertura de nossos melhores esforços, em amor incondicional. O lar nos chama com memórias profundamente entranhadas em nossa alma. Mesmo quando o nosso lar não é perfeito, sua forte influência em nós é dramática, magnética.

A Bíblia fala frequentemente de lar, de moradia. Vemos um exemplo disso no anseio de Neemias por uma Jerusalém restaurada (NEEMIAS 1:3,4; 2:2). Não é de surpreender, então, que Jesus falasse de um lar, uma moradia, quando Ele quer nos consolar. "Não se turbe o vosso coração..." Ele começou, e em seguida, acrescentou: "...vou preparar-vos um lugar" (JOÃO 14:1,2).

Para aqueles que têm memórias ternas de moradias terrenas, esta promessa nos conecta a algo que podemos facilmente entender e pelo qual esperamos. E para aqueles cujas moradias foram tudo menos confortáveis e seguras, Jesus promete que um dia ouvirão a doce canção entoada nesta moradia, pois nela habitarão com Ele.

Seja qual for a luta ou hesitação em sua jornada de fé, lembre-se disto: há uma moradia no céu já esperando, preparada especialmente para você. Jesus não falaria isso, se não fosse verdade. ❦

RKK

Que a lembrança de nosso lar terreno
nos conduza com esperança à nossa moradia celestial.

LEITURA DE HOJE: Neemias 1:4-11

⁴...estive jejuando e orando perante o Deus dos céus. ⁵E disse: ah! Senhor, Deus dos céus, Deus grande e temível, que guardas a aliança e a misericórdia para com aqueles que te amam e guardam os teus mandamentos! ⁶Estejam, pois, atentos os teus ouvidos, e os teus olhos, abertos, para acudires à oração do teu servo, que hoje faço à tua presença, dia e noite, pelos filhos de Israel, teus servos; e faço confissão pelos pecados dos filhos de Israel, os quais temos cometido contra ti; pois eu e a casa de meu pai temos pecado. ⁷Temos procedido de todo corruptamente contra ti, não temos guardado os mandamentos, nem os estatutos, nem os juízos que ordenaste a Moisés, teu servo. ⁸Lembra-te da palavra que ordenaste a Moisés, teu servo, dizendo: Se transgredirdes, eu vos espalharei por entre os povos; ⁹mas, se vos converterdes a mim, e guardardes os meus mandamentos, e os cumprirdes, então, ainda que os vossos rejeitados estejam pelas extremidades do céu, de lá os ajuntarei e os trarei para o lugar que tenho escolhido para ali fazer habitar o meu nome. ¹⁰Estes ainda são teus servos e o teu povo que resgataste com teu grande poder e com tua mão poderosa. ¹¹Ah! Senhor, estejam, pois, atentos os teus ouvidos à oração do teu servo e à dos teus servos que se agradam de temer o teu nome; concede que seja bem-sucedido hoje o teu servo e dá-lhe mercê perante este homem...

Esperança na escuridão

LEITURA: **Gênesis 1:1-5**

"...havia trevas sobre a face do abismo, e o Espírito de Deus pairava por sobre as águas."

Gênesis 1:2

Quando eu era criança, meu pai guardava as ferramentas no porão de nossa casa. Eu ficava apavorado sempre que ele me pedia para pegar uma delas, pois o interruptor ficava na parte debaixo da escada. Dessa maneira, eu sempre precisava enfrentar o escuro antes de finalmente ver a luz.

Quando falamos em escuridão, a primeira sensação que temos é de medo pela falta de controle da situação. Ao nos encontrarmos em meio às dificuldades, frequentemente pensamos que esse abismo escuro é profundo demais. Porém, o Criador sabe como lidar com a escuridão em nossa vida. O versículo diz: "...havia trevas [...] e o Espírito de Deus pairava..." (GÊNESIS 1:2). Isso nos dá a ideia de que a profundidade do abismo mais escuro — seja dor, sofrimento, angústia, solidão, doença, pecado — não é limite para o Espírito de Deus.

O relato da criação nos ensina que o caos é a matéria-prima que Deus usa para criar. Reflita sobre a beleza que o cerca: o universo, os micro-organismos, os rios, mares e vegetação. Tudo isso foi criado a partir do caos. Nada é impossível ou difícil para o Criador!

Ao enfrentar situações difíceis em sua vida, lembre-se de colocá-las nas mãos de Deus e dê-lhe a liberdade para transformar o caos em algo novo. Não há limites para o que o Senhor pode fazer com a matéria-prima que lhe é submissa. ❂ PPJ

Deus transforma o caos em beleza.

LEITURA DE HOJE: **Gênesis 1:1-5**

¹No princípio, criou Deus os céus e a terra. ²A terra, porém, estava sem forma e vazia; havia trevas sobre a face do abismo, e o Espírito de Deus pairava por sobre as águas. Disse Deus: Haja luz; e houve luz. ⁴E viu Deus que a luz era boa; e fez separação entre a luz e as trevas. ⁵Chamou Deus à luz Dia e às trevas, Noite. Houve tarde e manhã, o primeiro dia.

O relógio de Deus

LEITURA: **Lucas 2:36-40**

...falava a respeito do menino a todos os que esperavam a redenção de Jerusalém. Lucas 2:38

Visito regularmente duas idosas. Uma delas não tem preocupação financeira alguma, está em forma para sua idade e mora em sua própria casa. Mas ela sempre encontra algo negativo para dizer. A outra, sofre de artrite e já esquece muitas coisas. Ela mora num lugar simples e tem um bloco de anotações em que registra os seus compromissos para não os esquecer. Mas seu primeiro comentário para qualquer visitante em seu pequeno apartamento é sempre o mesmo: "Deus é tão bom comigo." Ao ler o seu bloco de notas em minha última visita, percebi que ela havia escrito no dia anterior: "amanhã, vou sair para almoçar! Que maravilha! Mais um dia feliz!"

Ana era uma profetiza na época do nascimento de Jesus e suas circunstâncias eram complicadas (LUCAS 2:36,37). Viúva desde cedo e possivelmente sem filhos, ela talvez se sentisse inútil e desamparada. Mas seu interesse maior estava em Deus e em servi-lo. Ela anelava pelo Messias, mas nesse ínterim ocupava-se com as questões do Senhor: orando, jejuando e ensinando aos outros tudo o que aprendia sobre Ele.

Finalmente chegou o dia em que ela, já com seus 80 anos, viu o pequeno Messias nos braços da sua jovem mãe. Toda a sua paciente espera valera a pena. Seu coração regozijou-se alegremente, enquanto ela louvava a Deus e contava a alegre novidade aos outros. ✿

MS

É difícil enxergar o plano de Deus e o nosso, mas o ideal é estarmos no ponto em que ambos os planos convergem.

LEITURA DE HOJE: **Lucas 2:36-40**

³⁶Havia uma profetisa, chamada Ana, filha de Fanuel, da tribo de Aser, avançada em dias, que vivera com seu marido sete anos desde que se casara ³⁷e que era viúva de oitenta e quatro anos. Esta não deixava o templo, mas adorava noite e dia em jejuns e orações. ³⁸E, chegando naquela hora, dava graças a Deus e falava a respeito do menino a todos os que esperavam a redenção de Jerusalém. ³⁹Cumpridas todas as ordenanças segundo a Lei do Senhor, voltaram para a Galileia, para a sua cidade de Nazaré. ⁴⁰Crescia o menino e se fortalecia, enchendo-se de sabedoria; e a graça de Deus estava sobre ele.

Não se preocupe!

LEITURA: **1 Pedro 5:1-11**

...lançando sobre ele toda a vossa ansiedade, porque ele tem cuidado de vós. 1 Pedro 5:7

George Burns, ator e humorista americano, disse: "Se você perguntar: 'Qual é o item mais importante para a longevidade?' Eu diria que é evitar preocupação, estresse e tensão. E mesmo que você não perguntasse eu daria a mesma resposta." Burns, que viveu até os 100 anos, gostava de fazer as pessoas rirem e aparentemente seguia seu próprio conselho.

Mas como podemos não nos preocupar quando a nossa vida é tão incerta, tão repleta de problemas e necessidades? O apóstolo Pedro ofereceu este encorajamento aos seguidores de Jesus que haviam sido propositadamente dispersos pela Ásia durante o primeiro século: "Humilhai-vos, portanto, sob a poderosa mão de Deus, para que ele, em tempo oportuno, vos exalte, lançando sobre ele toda a vossa ansiedade, porque ele tem cuidado de vós" (1 PEDRO 5:6,7).

As instruções de Pedro não foram dadas para nos ajudar a evitar o sofrimento (v.9), mas para que possamos encontrar paz e força para permanecer vitoriosos contra os ataques de Satanás (vv.8-10). Em vez de sermos consumidos por ansiedade e preocupação, ficamos livres para desfrutar do amor de Deus por nós e expressá-lo uns aos outros.

Nosso objetivo não deveria ser ver quantos anos conseguiremos viver, mas viver plenamente no serviço amoroso ao Senhor durante todos os anos que recebermos. DCM

Deus, meu Pai, não esquece nada.
Por que me preocupar? OSWALD CHAMBERS

LEITURA DE HOJE: **1 Pedro 5:1-11**

¹ Rogo, pois, aos presbíteros que há entre vós, eu, presbítero como eles, e testemunha dos sofrimentos de Cristo, e ainda coparticipante da glória que há de ser revelada: ²pastoreai o rebanho de Deus que há entre vós, não por constrangimento, mas espontaneamente, como Deus quer; nem por sórdida ganância, mas de boa vontade; ³nem como dominadores dos que vos foram confiados, antes, tornando-vos modelos do rebanho. ⁴Ora, logo que o Supremo Pastor se manifestar, recebereis a imarcescível coroa da glória. ⁵Rogo igualmente aos jovens: sede submissos aos que são mais velhos; outrossim, no trato de uns com os outros, cingi-vos todos de humildade, porque Deus resiste aos soberbos, contudo, aos humildes concede a sua graça. ⁶Humilhai-vos, portanto, sob a poderosa mão de Deus, para que ele, em tempo oportuno, vos exalte, ⁷lançando sobre ele toda a vossa ansiedade, porque ele tem cuidado de vós. ⁸Sede sóbrios e vigilantes. O diabo, vosso adversário, anda em derredor, como leão que ruge procurando alguém para devorar; ⁹resisti-lhe firmes na fé, certos de que sofrimentos iguais aos vossos estão-se cumprindo na vossa irmandade espalhada pelo mundo. ¹⁰Ora, o Deus de toda a graça, que em Cristo vos chamou à sua eterna glória, depois de terdes sofrido por um pouco, ele mesmo vos há de aperfeiçoar, firmar, fortificar e fundamentar. ¹¹A ele seja o domínio, pelos séculos dos séculos. Amém!

As melhores lagoas de pesca

LEITURA: **Apocalipse 22:1-5**

...foi arrebatado ao paraíso e ouviu palavras inefáveis... 2 Coríntios 12:4

Meu amigo Gustavo, pescador de trutas, faleceu há algum tempo. Os fins de semana geralmente eram os dias em que ele estava em seu pequeno barco ou próximo a um lago, pescando. Recebi uma carta de sua filha Heidi há alguns dias, contando-me que tem falado sobre o céu com os netos dele, desde que o pai foi para o lar celestial. Seu neto de 6 anos, que também ama pescar, explicou como é o céu e o que seu bisavô está fazendo: "É muito lindo, " ele refletiu, "e Jesus está mostrando ao vovô onde estão as melhores lagoas de pesca."

Faltaram palavras para Paulo relatar a visão que Deus lhe dera do céu. A passagem diz: "...foi arrebatado ao paraíso e ouviu palavras inefáveis, as quais não é lícito ao homem referir" (2 CORÍNTIOS 12:4). As palavras não conseguem transmitir os fatos do céu — talvez porque nós, seres humanos, sejamos incapazes de compreendê-las.

Ainda que ganhemos algum consolo pelo fato de conhecermos mais detalhes sobre o céu, não é esse conhecimento que nos dá garantia; é o nosso conhecimento do próprio Deus. Porque eu o conheço e sei o quanto Ele é bondoso, posso deixar essa vida e tudo que faz parte dela com total confiança de que o céu será belo e que Jesus me mostrará "onde estão as melhores lagoas de pesca" — porque assim é o nosso Deus! DHR

Nada neste mundo se compara a estar com Cristo no céu.

LEITURA DE HOJE: Apocalipse 22:1-5

¹ Então, me mostrou o rio da água da vida, brilhante como cristal, que sai do trono de Deus e do Cordeiro. ²No meio da sua praça, de uma e outra margem do rio, está a árvore da vida, que produz doze frutos, dando o seu fruto de mês em mês, e as folhas da árvore são para a cura dos povos. ³Nunca mais haverá qualquer maldição. Nela, estará o trono de Deus e do Cordeiro. Os seus servos o servirão, ⁴contemplarão a sua face, e na sua fronte está o nome dele. ⁵Então, já não haverá noite, nem precisam eles de luz de candeia, nem da luz do sol, porque o Senhor Deus brilhará sobre eles, e reinarão pelos séculos dos séculos.

Fé firme como a rocha

LEITURA: **Salmo 18:1-3,46**

O SENHOR é a minha rocha, a minha cidadela, o meu libertador... Salmo 18:2

Minha esposa e eu temos avós que têm mais de 100 anos. Em conversas com elas e seus amigos, percebo que há uma tendência que parece quase universal na memória dos mais idosos: lembram-se de momentos difíceis com nostalgia. Trocam, entre si, as histórias sobre a Segunda Guerra Mundial e a Grande Depressão. Falam com ternura sobre dificuldades como as tempestades, os banheiros externos e a época em que comiam o mesmo tipo de comida por semanas seguidas.

Paradoxalmente, os momentos difíceis podem ajudar a alimentar a fé e a fortalecer os laços pessoais. Vendo este princípio ser praticado, entendo melhor um dos mistérios relacionados a Deus. A fé se resume a uma questão de confiança. Se Deus realmente é a minha Rocha sólida (SALMO 18:2), as piores circunstâncias não destruirão o meu relacionamento com Ele.

A fé firme como a rocha me permite acreditar que apesar do caos do momento atual, o Senhor realmente reina. Independentemente do quão indigno eu possa me sentir, sou importante para o Deus de amor. Nenhuma dor dura para sempre e nenhum mal triunfa no fim.

A fé, firme como a rocha, vê até mesmo o feito mais obscuro de toda a história, a morte do Filho de Deus, como um prelúdio necessário para o momento mais luzente em toda a história — Sua ressurreição e triunfo sobre a morte. ❧ PDY

Cristo, a Rocha, é a nossa única esperança.

LEITURA DE HOJE: **Salmo 18:1-3,46**

¹Eu te amo, ó Senhor, força minha. ²O Senhor é a minha rocha, a minha cidadela, o meu libertador; o meu Deus, o meu rochedo em que me refugio; o meu escudo, a força da minha salvação, o meu baluarte. ³Invoco o Senhor, digno de ser louvado, e serei salvo dos meus inimigos. [...] ⁴⁶Vive o Senhor, e bendita seja a minha rocha! Exaltado seja o Deus da minha salvação,

A idade não influencia

LEITURA: **1 Coríntios 12:12-26**

...se um membro sofre, todos sofrem com ele; e, se um deles é honrado, com ele todos se regozijam.
1 Coríntios 12:26

Após ter um laboratório de prótese dentária e trabalhar nele durante 50 anos, Dave Bowman planejava aposentar-se e relaxar. O diabetes e uma cirurgia cardíaca confirmavam a sua decisão. Mas ao ouvir sobre os jovens refugiados do Sudão que necessitavam de ajuda, ele decidiu que transformaria a sua vida: concordou em custear cinco deles.

Ao conhecer melhor a situação, soube que esses jovens nunca haviam ido a um médico ou dentista. E quando alguém em sua igreja mencionou o versículo: "...se um membro sofre, todos sofrem com ele...", Bowman não conseguiu tirar a necessidade deles de seus pensamentos. Os cristãos do Sudão estavam sofrendo por necessitar de cuidados médicos, e este senhor já aposentado sentiu que Deus lhe impulsionava para fazer algo a respeito. Mas o quê?

A despeito de sua idade e saúde comprometida, Bowman começou a explorar a possibilidade de construir um centro médico no Sudão. Pouco a pouco, Deus reuniu as pessoas e os recursos necessários e, em 2008, o Hospital Cristão abriu as suas portas aos pacientes. Desde então, centenas de doentes e feridos foram tratados ali.

O hospital é um lembrete de que Deus se importa com o sofrimento do povo. E, frequentemente, Ele age por meio de pessoas como nós para dispensar os Seus cuidados — mesmo quando pensamos que a nossa parte já foi feita. JAL

Deus se importa com o sofrimento do povo.

LEITURA DE HOJE: **1 Coríntios 12:12-26**

¹² Porque, assim como o corpo é um e tem muitos membros, e todos os membros, sendo muitos, constituem um só corpo, assim também com respeito a Cristo. ¹³Pois, em um só Espírito, todos nós fomos batizados em um corpo, quer judeus, quer gregos, quer escravos, quer livres. E a todos nós foi dado beber de um só Espírito. ¹⁴Porque também o corpo não é um só membro, mas muitos. ¹⁵Se disser o pé: Porque não sou mão, não sou do corpo; nem por isso deixa de ser do corpo. ¹⁶Se o ouvido disser: Porque não sou olho, não sou do corpo; nem por isso deixa de o ser. ¹⁷Se todo o corpo fosse olho, onde estaria o ouvido? Se todo fosse ouvido, onde, o olfato? ¹⁸Mas Deus dispôs os membros, colocando cada um deles no corpo, como lhe aprouve. ¹⁹Se todos, porém, fossem um só membro, onde estaria o corpo? ²⁰O certo é que há muitos membros, mas um só corpo. ²¹Não podem os olhos dizer à mão: Não precisamos de ti; nem ainda a cabeça, aos pés: Não preciso de vós. ²²Pelo contrário, os membros do corpo que parecem ser mais fracos são necessários; ²³e os que nos parecem menos dignos no corpo, a estes damos muito maior honra; também os que em nós não são decorosos revestimos de especial honra. ²⁴Mas os nossos membros nobres não têm necessidade disso. Contudo, Deus coordenou o corpo, concedendo muito mais honra àquilo que menos tinha, ²⁵para que não haja divisão no corpo; pelo contrário, cooperem os membros, com igual cuidado, em favor uns dos outros. ²⁶De maneira que, se um membro sofre, todos sofrem com ele; e, se um deles é honrado, com ele todos se regozijam.

A escola da dor

LEITURA: **Salmo 119:65-80**

Bem sei, ó SENHOR, que os teus juízos são justos e que com fidelidade me afligiste. Salmo 119:75

No livro *O problema do sofrimento* (Ed. Vida, 2006), C. S. Lewis diz: "Deus sussurra a nós na saúde e prosperidade, ...por meio de nosso prazer, fala-nos mediante nossa consciência, ...nossa dor; este é o seu megafone para despertar o homem surdo."

O sofrimento nos ajuda a redirecionar o nosso modo de pensar. Desvia a nossa mente das circunstâncias imediatas para que ouçamos a voz de Deus e vejamos a Sua ação em nossa vida. A lida cotidiana é substituída por um novo momento de aprendizagem espiritual.

O salmista sempre se dispôs a aprender, mesmo em circunstâncias dolorosas. Ele as aceitou como orquestradas por Deus e, submisso, orou: "...com fidelidade me afligiste". O profeta Isaías via o sofrimento como um processo de refinamento: "Eis que te acrisolei, mas disso não resultou prata; provei-te na fornalha da aflição" (48:10). Apesar dos lamentos, Jó aprendeu sobre a soberania e grandiosidade de Deus, por meio de seus problemas (40-42).

Não estamos sozinhos em nossa experiência de dor. O próprio Deus tomou a forma humana e sofreu muito: "Porquanto para isto mesmo fostes chamados, pois que também Cristo sofreu em vosso lugar, deixando-vos exemplo para seguirdes os seus passos" (1 PEDRO 2:21). Jesus, com marcas de pregos nas mãos, está perto, e nos confortará e ensinará em meio ao sofrimento.

HDF

Aprendemos a lição da confiança na escola da provação.

LEITURA DE HOJE: **Salmo 119:65-80**

⁶⁵Tens feito bem ao teu servo, Senhor, segundo a tua palavra. ⁶⁶Ensina-me bom juízo e conhecimento, pois creio nos teus mandamentos. ⁶⁷Antes de ser afligido, andava errado, mas agora guardo a tua palavra. ⁶⁸Tu és bom e fazes o bem; ensina-me os teus decretos. ⁶⁹Os soberbos têm forjado mentiras contra mim; não obstante, eu guardo de todo o coração os teus preceitos. ⁷⁰Tornou-se-lhes o coração insensível, como se fosse de sebo; mas eu me comprazo na tua lei. ⁷¹Foi-me bom ter eu passado pela aflição, para que aprendesse os teus decretos. ⁷²Para mim vale mais a lei que procede de tua boca do que milhares de ouro ou de prata. ⁷³As tuas mãos me fizeram e me afeiçoaram; ensina-me para que aprenda os teus mandamentos. ⁷⁴Alegraram-se os que te temem quando me viram, porque na tua palavra tenho esperado. ⁷⁵Bem sei, ó Senhor, que os teus juízos são justos e que com fidelidade me afligiste. ⁷⁶Venha, pois, a tua bondade consolar-me, segundo a palavra que deste ao teu servo. ⁷⁷Baixem sobre mim as tuas misericórdias, para que eu viva; pois na tua lei está o meu prazer. ⁷⁸Envergonhados sejam os soberbos por me haverem oprimido injustamente; eu, porém, meditarei nos teus preceitos. ⁷⁹Voltem-se para mim os que te temem e os que conhecem os teus testemunhos. ⁸⁰Seja o meu coração irrepreensível nos teus decretos, para que eu não seja envergonhado.

É só o começo

Conte a sua história

LEITURA: **1 Timóteo 1:12-20**

Falar-se-á do poder dos teus feitos tremendos, e contarei a tua grandeza. Salmo 145:6

Michael Dinsmore, um ex-presidiário e cristão relativamente novo, foi convidado a dar seu testemunho numa prisão. Após sua fala, alguns internos lhe disseram: "Esse foi o encontro mais animador que tivemos!" Dinsmore ficou maravilhado que Deus pudesse usar a sua simples história.

Depois que Paulo encarregou Timóteo de ficar pregando o evangelho (1 TIMÓTEO 1:1-11), ele deu o seu testemunho pessoal para encorajar esse jovem (vv.12-16), e falou da misericórdia de Deus em sua vida. Paulo contou que tinha zombado do Senhor, mas que Ele o havia transformado. Em Sua misericórdia, Deus não apenas o tornou fiel e lhe deu uma tarefa, mas também permitiu que ele fizesse o Seu trabalho (v.12). Paulo se considerava o pior dos pecadores, mas Deus o salvou (v.15).

O Senhor é capaz! Era isso que Paulo queria que Timóteo visse, e também o que precisamos ver. Pelo testemunho de Paulo, vemos a misericórdia de Deus. Se Ele pôde usar alguém como Paulo, pode nos usar também. Se Deus pôde salvar o pior dos pecadores, ninguém está além de Seu alcance.

A história da obra do Senhor em nossa vida pode encorajar outros. Permita que aqueles que estão à sua volta, saibam que o Deus da Bíblia continua agindo hoje! PFC

Ninguém está além do alcance do amor de Deus.

LEITURA DE HOJE: **1 Timóteo 1:12-20**

¹²Sou grato para com aquele que me fortaleceu, Cristo Jesus, nosso Senhor, que me considerou fiel, designando-me para o ministério, ¹³a mim, que, noutro tempo, era blasfemo, e perseguidor, e insolente. Mas obtive misericórdia, pois o fiz na ignorância, na incredulidade. ¹⁴Transbordou, porém, a graça de nosso Senhor com a fé e o amor que há em Cristo Jesus. ¹⁵Fiel é a palavra e digna de toda aceitação: que Cristo Jesus veio ao mundo para salvar os pecadores, dos quais eu sou o principal. ¹⁶Mas, por esta mesma razão, me foi concedida misericórdia, para que, em mim, o principal, evidenciasse Jesus Cristo a sua completa longanimidade, e servisse eu de modelo a quantos hão de crer nele para a vida eterna. ¹⁷Assim, ao Rei eterno, imortal, invisível, Deus único, honra e glória pelos séculos dos séculos. Amém! ¹⁸Este é o dever de que te encarrego, ó filho Timóteo, segundo as profecias de que antecipadamente foste objeto: combate, firmado nelas, o bom combate, ¹⁹mantendo fé e boa consciência, porquanto alguns, tendo rejeitado a boa consciência, vieram a naufragar na fé. ²⁰E dentre esses se contam Himeneu e Alexandre, os quais entreguei a Satanás, para serem castigados, a fim de não mais blasfemarem.

Em quem podemos depender?

LEITURA: **2 Samuel 9:1-12**

...usarei de bondade para contigo, por amor de Jônatas, teu pai... 2 Samuel 9:7

"Que funeral lindo!", disse Cíntia ao sairmos. Nossa amiga Helena havia morrido, e um amigo após o outro, a homenageou contando histórias a respeito de seu jeito divertido. Mas a vida dela não tinha sido só de piadas e risos. Seu sobrinho falou de sua fé em Jesus e da preocupação que ela tinha pelos outros. Ela o tinha acolhido em sua casa quando ele era jovem e revoltado. Agora, aos 20 anos, disse sobre ela: "Minha tia foi como uma mãe. Nunca desistiu de mim em minhas revoltas. Tenho certeza que, se não fosse por ela, eu teria perdido a fé." Uau! Que influência! Helena dependia de Jesus e queria que o seu sobrinho confiasse nele também.

No Antigo Testamento, lemos que o rei Davi levou um jovem chamado Mefibosete à sua casa com o propósito de ser bondoso com ele, em honra ao seu pai, Jônatas (AMIGO DE DAVI, 2 SAMUEL 9:1). Anos antes, Mefibosete ficara aleijado quando sua babá o deixou cair durante uma fuga, após saberem que o seu pai tinha sido morto (4:4). O jovem surpreendeu-se pelo rei ter-se preocupado com ele. O rapaz, inclusive, referia-se a si mesmo como um "cão morto" (9:8). Ainda assim, o rei Davi o tratou como filho (9:11).

Eu queria ser esse tipo de pessoa, você não? Alguém que se importa com os outros e os ajuda a se firmar na fé em Jesus, mesmo quando a vida parece sem esperança. AMC

Deus faz a maior parte de Seu trabalho na vida das pessoas, utilizando-se de outras pessoas.

LEITURA DE HOJE: 2 Samuel 9:1-12

¹ Disse Davi: Resta ainda, porventura, alguém da casa de Saul, para que use eu de bondade para com ele, por amor de Jônatas? ²Havia um servo na casa de Saul cujo nome era Ziba; chamaram-no que viesse a Davi. Perguntou-lhe o rei: És tu Ziba? Respondeu: Eu mesmo, teu servo. ³Disse-lhe o rei: Não há ainda alguém da casa de Saul [...]? Então, Ziba respondeu ao rei: Ainda há um filho de Jônatas, aleijado de ambos os pés. ⁴E onde está? Perguntou-lhe o rei [...]. ⁶Vindo Mefibosete, filho de Jônatas, filho de Saul, a Davi, inclinou-se, prostrando-se com o rosto em terra. [...] Ele disse: Eis aqui teu servo! ⁷Então, lhe disse Davi: Não temas, porque usarei de bondade para contigo, por amor de Jônatas, teu pai, e te restituirei todas as terras de Saul, teu pai, e tu comerás pão sempre à minha mesa. ⁸Então, se inclinou e disse: Quem é teu servo, para teres olhado para um cão morto tal como eu? ⁹Chamou Davi a Ziba, servo de Saul, e lhe disse: Tudo o que pertencia a Saul e toda a sua casa dei ao filho de teu senhor. ¹⁰Trabalhar-lhe-ás, pois, a terra, tu, e teus filhos, e teus servos, e recolherás os frutos, para que a casa de teu senhor tenha pão que coma; porém Mefibosete, filho de teu senhor, comerá pão sempre à minha mesa [...]. ¹¹Disse Ziba ao rei: Segundo tudo quanto meu senhor, o rei, manda a seu servo, assim o fará. Comeu, pois, Mefibosete à mesa de Davi, como um dos filhos do rei...

O grande médico

LEITURA: **Gênesis 2:7-15**

...pois eu sou o Senhor, que te sara. Êxodo 15:26

Os médicos que conheço são inteligentes, trabalhadores e cheios de compaixão. Eles aliviaram a minha dor em muitas ocasiões, e sou grata pela capacidade deles em diagnosticar doenças, prescrever medicamentos, consertar ossos quebrados e dar pontos em ferimentos. Mas isto não significa que coloco a minha fé nos médicos em vez de colocá-la em Deus.

Por motivos conhecidos apenas pelo Senhor, Ele designou os seres humanos para serem parceiros no cuidado da criação (GÊNESIS 2:15), e os médicos estão entre eles. Estudam a ciência e aprendem como Deus projetou o corpo. Usam esse conhecimento para ajudar a nos restaurar a saúde. Mas a única razão de os médicos poderem fazer alguma coisa, é o fato de Deus ter nos criado com a possibilidade de cura. Os cirurgiões seriam inúteis, se as incisões não cicatrizassem.

Os cientistas podem aprender como o Senhor criou o funcionamento do corpo e desenvolver terapias para restaurar ou curar, mas não são eles que curam, é Deus (ÊXODO 15:26). Os médicos apenas cooperam com o propósito e desígnio original de Deus.

Sou grata pela ciência e pelos doutores, mas o meu louvor e a minha gratidão vão para Deus, que projetou o Universo ordenado, e nos criou com mentes que podem descobrir como ele funciona. Creio, portanto, que toda cura é divina, porque nenhuma cura acontece sem Deus. ❦ JAL

Ao pensar em tudo o que é bom, agradeça a Deus.

LEITURA DE HOJE: **Gênesis 2:7-15**

⁷Então, formou o S<small>ENHOR</small> Deus ao homem do pó da terra e lhe soprou nas narinas o fôlego de vida, e o homem passou a ser alma vivente. ⁸E plantou o S<small>ENHOR</small> Deus um jardim no Éden, na direção do Oriente, e pôs nele o homem que havia formado. ⁹Do solo fez o S<small>ENHOR</small> Deus brotar toda sorte de árvores agradáveis à vista e boas para alimento; e também a árvore da vida no meio do jardim e a árvore do conhecimento do bem e do mal. ¹⁰E saía um rio do Éden para regar o jardim e dali se dividia, repartindo-se em quatro braços. ¹¹O primeiro chama-se Pisom; é o que rodeia a terra de Havilá, onde há ouro. ¹²O ouro dessa terra é bom; também se encontram lá o bdélio e a pedra de ônix. ¹³O segundo rio chama-se Giom; é o que circunda a terra de Cuxe. ¹⁴O nome do terceiro rio é Tigre; é o que corre pelo oriente da Assíria. E o quarto é o Eufrates. ¹⁵Tomou, pois, o S<small>ENHOR</small> Deus ao homem e o colocou no jardim do Éden para o cultivar e o guardar.

Lança o teu pão sobre as águas

LEITURA: **Eclesiastes 11:1-6**

Lança o teu pão sobre as águas, porque depois de muitos dias o acharás. v.1

A **Bíblia fala muito** sobre pão, mas a qual tipo de pão o autor de Eclesiastes se refere? Que pão é esse que deve ser lançado sobre as águas?

Esse "pão" é a oportunidade que não deve ser desperdiçada. Essas oportunidades vêm e vão em nossa vida. As Escrituras mencionam algumas que não podem ser perdidas:

- Fazer o bem ao próximo (PROVÉRBIOS 3:27).
- Seguir Jesus e ser um discípulo fiel (LUCAS 9:57-62).
- Não perder as oportunidades para anunciar o evangelho, mesmo quando cercado por adversários (1 CORÍNTIOS 16:8,9).

Esse tipo de pão quando é lançado nas águas retorna, no tempo de Deus. Em 1925, no Rio Grande do Sul, Maria Isabel, filha de lavadeira foi interpelada por um senhor, a quem entregava as roupas, e este lhe perguntou o que ela queria ser ao crescer. "Médica", disse-lhe a menina. Esse senhor resolveu patrocinar os estudos dela e aquela menina, mais tarde, tornou-se uma médica respeitadíssima.

Em 1976, no Rio de Janeiro, Maria Isabel soube numa conversa no elevador, de um rapaz que sofrera um acidente grave e estava na iminência de amputar uma perna. Na sequência, ela descobriu que o rapaz era bisneto do senhor que patrocinara todos os seus estudos. O jovem José teve sua perna recuperada pela atuação de Maria Isabel. Cinquenta e um anos mais tarde, o pão voltou... no tempo de Deus.

JMF

*O teu pão é uma semente,
não deixe de lançá-lo sobre as águas.*

LEITURA DE HOJE: Eclesiastes 11:1-6

¹Lança o teu pão sobre as águas, porque depois de muitos dias o acharás. ²Reparte com sete e ainda com oito, porque não sabes que mal sobrevirá à terra. ³Estando as nuvens cheias, derramam aguaceiro sobre a terra; caindo a árvore para o sul ou para o norte, no lugar em que cair, aí ficará. ⁴Quem somente observa o vento nunca semeará, e o que olha para as nuvens nunca segará. ⁵Assim como tu não sabes qual o caminho do vento, nem como se formam os ossos no ventre da mulher grávida, assim também não sabes as obras de Deus, que faz todas as coisas. ⁶Semeia pela manhã a tua semente e à tarde não repouses a mão, porque não sabes qual prosperará; se esta, se aquela ou se ambas igualmente serão boas.

Atolado no tremedal de lama

LEITURA: **Salmo 40:1-5**

Tirou-me [...] de um tremedal de lama...
Salmo 40:2

Enquanto eu colocava uma coroa de flores no túmulo dos meus pais, meu marido tirou o carro do local onde tínhamos estacionado para deixar outro veículo passar. Tinha chovido por semanas e o estacionamento do cemitério estava inundado. Quando saímos, vimos que o nosso carro estava atolado. As rodas giravam, afundando-se cada vez mais na lama. Estávamos atolados!

Não iríamos a lugar algum sem um empurrão, mas o ombro de meu marido estava machucado e eu tinha acabado de sair do hospital. Precisávamos de ajuda! À distância, vi dois jovens, e eles responderam prontamente aos meus acenos e gritos frenéticos. Felizmente, a força dos dois, foi suficiente para empurrar o carro de volta à estrada.

O Salmo 40, destaca a fidelidade de Deus quando Davi clamou por socorro. "Esperei confiantemente pelo SENHOR; [...] e me ouviu quando clamei por socorro. Tirou-me de um poço de perdição, de um tremedal de lama" (vv.1,2). Independentemente desse salmo se referir a um poço de verdade ou a circunstâncias desafiadoras, Davi sabia que podia sempre clamar a Deus por libertação.

O Senhor nos ajudará também quando clamarmos por Ele. Algumas vezes, Ele intervém diretamente, porém, com frequência, trabalha por meio de outras pessoas. Quando admitimos nossa necessidade a Ele — e talvez a outros — podemos contar com a Sua fidelidade. ❂   MS

A esperança vem com a ajuda de Deus e dos outros.

LEITURA DE HOJE: **Salmo 40:1-5**

¹Esperei confiantemente pelo Senhor; ele se inclinou para mim e me ouviu quando clamei por socorro. ²Tirou-me de um poço de perdição, de um tremedal de lama; colocou-me os pés sobre uma rocha e me firmou os passos. ³E me pôs nos lábios um novo cântico, um hino de louvor ao nosso Deus; muitos verão essas coisas, temerão e confiarão no Senhor. ⁴Bem-aventurado o homem que põe no Senhor a sua confiança e não pende para os arrogantes, nem para os afeiçoados à mentira. ⁵São muitas, Senhor, Deus meu, as maravilhas que tens operado e também os teus desígnios para conosco; ninguém há que se possa igualar contigo. Eu quisera anunciá-los e deles falar, mas são mais do que se pode contar.

O dom das lágrimas

LEITURA: **João 11:32-44**

Jesus chorou. João 11:35

Liguei para um velho amigo quando a mãe dele morreu. Ela tinha sido muito amiga de minha mãe, e agora as duas já haviam partido. À medida que compartilhávamos, a conversa facilmente nos emocionava. Surgiram as lágrimas de tristeza, agora que a mãe dele tinha morrido, e as de alegria, ao lembrarmos a pessoa cuidadosa e divertida que ela tinha sido.

Muitos de nós experimentamos essa estranha alternância de chorar em um momento e rir no seguinte. É incrível como a tristeza e a alegria podem nos dar tamanha liberação física.

Como somos feitos à imagem de Deus (GÊNESIS 1:26), e o humor é uma parte tão integrante de quase todas as culturas, imagino que Jesus tivesse um senso de humor maravilhoso. Mas sabemos que Ele também conheceu a dor do luto. Quando o seu amigo Lázaro morreu, Jesus viu Maria chorando, e "...agitou-se no espírito e comoveu-se". E em seguida, Ele também começou a chorar (JOÃO 11:33-35).

Nossa habilidade para expressar emoções com lágrimas é um dom divino, e Deus reconhece cada lágrima que choramos. O Salmo 56:8 diz/; "Contaste os meus passos quando sofri perseguições; recolheste as minhas lágrimas: no teu odre; não estão elas inscritas no teu livro?" No entanto, temos a promessa de que um dia Deus nos "...enxugará dos olhos toda lágrima" (APOCALIPSE 7:17).

CHK

Nosso Pai celestial, que lavou os nossos pecados, também nos enxugará as lágrimas.

LEITURA DE HOJE: João 11:32-44

³² Quando Maria chegou ao lugar onde estava Jesus, ao vê-lo, lançou-se-lhe aos pés, dizendo: Senhor, se estiveras aqui, meu irmão não teria morrido. ³³Jesus, vendo-a chorar, e bem assim os judeus que a acompanhavam, agitou-se no espírito e comoveu-se. ³⁴E perguntou: Onde o sepultastes? Eles lhe responderam: Senhor, vem e vê! ³⁵Jesus chorou. ³⁶Então, disseram os judeus: Vede quanto o amava. ³⁷Mas alguns objetaram: Não podia ele, que abriu os olhos ao cego, fazer que este não morresse? ³⁸Jesus, agitando-se novamente em si mesmo, encaminhou-se para o túmulo; era este uma gruta a cuja entrada tinham posto uma pedra. ³⁹Então, ordenou Jesus: Tirai a pedra. Disse-lhe Marta, irmã do morto: Senhor, já cheira mal, porque já é de quatro dias. ⁴⁰Respondeu-lhe Jesus: Não te disse eu que, se creres, verás a glória de Deus? ⁴¹Tiraram, então, a pedra. E Jesus, levantando os olhos para o céu, disse: Pai, graças te dou porque me ouviste. ⁴²Aliás, eu sabia que sempre me ouves, mas assim falei por causa da multidão presente, para que creiam que tu me enviaste. ⁴³E, tendo dito isto, clamou em alta voz: Lázaro, vem para fora! ⁴⁴Saiu aquele que estivera morto, tendo os pés e as mãos ligados com ataduras e o rosto envolto num lenço. Então, lhes ordenou Jesus: Desatai-o e deixai-o ir.

Sentindo-se insignificante?

LEITURA: **Salmo 139:7-16**

Graças te dou, visto que por modo assombrosamente maravilhoso me formaste... Salmo 139:14

Estamos entre sete bilhões de pessoas que coexistem em um pequeno planeta que está localizado numa pequena seção de um sistema solar um tanto insignificante. Nossa Terra, na verdade, é apenas um ponto azul minúsculo entre milhões de corpos celestes que Deus criou. Na enorme tela do nosso Universo, nosso belo e majestoso planeta aparece como uma pequena partícula de pó.

Isso poderia nos fazer sentir extremamente insignificantes e irrelevantes. Contudo, a Palavra de Deus sugere que a verdade é exatamente o oposto. Nosso grande Deus, que "...na concha de sua mão mediu as águas..." (ISAÍAS 40:12), escolheu cada pessoa deste planeta como alguém extremamente importante, pois somos feitos à Sua imagem.

Por exemplo, Ele criou tudo para nosso deleite (1 TIMÓTEO 6:17). Além disso, Deus deu um propósito a todos os que confiam em Jesus como Salvador (EFÉSIOS 2:10). E ainda há o seguinte aspecto: apesar da vastidão deste mundo, Deus se preocupa especificamente com cada um de nós. No Salmo 139, lemos que Ele sabe o que diremos e conhece o que pensamos. Não podemos escapar de Sua presença, Ele planejou a nossa existência na Terra antes que nascêssemos.

Não temos motivo para nos sentirmos insignificantes quando o Deus do Universo se interessa tanto assim por nós! JDB

*O Deus que criou o Universo
é o mesmo Deus que o ama.*

LEITURA DE HOJE: Salmo 139:7-16

⁷Para onde me ausentarei do teu Espírito? Para onde fugirei da tua face? ⁸Se subo aos céus, lá estás; se faço a minha cama no mais profundo abismo, lá estás também; ⁹se tomo as asas da alvorada e me detenho nos confins dos mares, ¹⁰ainda lá me haverá de guiar a tua mão, e a tua destra me susterá. ¹¹Se eu digo: as trevas, com efeito, me encobrirão, e a luz ao redor de mim se fará noite, ¹²até as próprias trevas não te serão escuras: as trevas e a luz são a mesma coisa. ¹³Pois tu formaste o meu interior, tu me teceste no seio de minha mãe. ¹⁴Graças te dou, visto que por modo assombrosamente maravilhoso me formaste; as tuas obras são admiráveis, e a minha alma o sabe muito bem; ¹⁵os meus ossos não te foram encobertos, quando no oculto fui formado e entretecido como nas profundezas da terra. ¹⁶Os teus olhos me viram a substância ainda informe, e no teu livro foram escritos todos os meus dias, cada um deles escrito e determinado, quando nem um deles havia ainda.

Comece aqui!

LEITURA: **Atos 9:1-9**

...Senhor, que queres que eu faça?
Atos 9:6 (ARC)

No dia D, três oficiais se reuniram numa cratera surgida pela explosão de bombas, na praia de Utah, Normandia, França. Ao perceberem que a maré os havia levado para o lugar errado da praia decidiram de improviso: "Começaremos daqui mesmo." E avançaram partindo desse local de risco.

Saulo estava em situação difícil, precisava tomar uma decisão após ter encontrado Jesus na estrada de Damasco (ATOS 9:1-20). Repentinamente, lhe foi revelado que o local onde estava e a direção que sua vida tinha tomado, tinha sido um erro, a vida que levara lhe parecia um desperdício. Ir em frente seria difícil e exigiria trabalho pesado e desconfortável, talvez até mesmo ele tivesse que enfrentar as famílias cristãs cujas vidas havia destruído. Mas Paulo perguntou: "...Senhor, que queres que eu faça?" (v.6).

Com frequência nos encontramos em situações inesperadas, que nunca planejamos nem queríamos estar. Podemos estar endividados, impossibilitados fisicamente ou sofrendo as consequências do pecado. Quer Cristo nos encontre hoje numa cela ou palácio, despedaçados e destruídos ou consumidos por nossos desejos egoístas, as Escrituras nos aconselham a prestar atenção ao conselho de Paulo e esquecer o que ficou para trás e avançar para Cristo (FILIPENSES 3:13,14). O passado não é barreira para avançarmos com Ele.

RKK

Nunca é tarde para recomeçar.

LEITURA DE HOJE: Atos 9:1-9

¹Saulo, respirando ainda ameaças e morte contra os discípulos do Senhor, dirigiu-se ao sumo sacerdote ²e lhe pediu cartas para as sinagogas de Damasco, a fim de que, caso achasse alguns que eram do Caminho, assim homens como mulheres, os levasse presos para Jerusalém. ³Seguindo ele estrada fora, ao aproximar-se de Damasco, subitamente uma luz do céu brilhou ao seu redor, ⁴e, caindo por terra, ouviu uma voz que lhe dizia: Saulo, Saulo, por que me persegues? ⁵Ele perguntou: Quem és tu, Senhor? E a resposta foi: Eu sou Jesus, a quem tu persegues; ⁶mas levanta-te e entra na cidade, onde te dirão o que te convém fazer. ⁷Os seus companheiros de viagem pararam emudecidos, ouvindo a voz, não vendo, contudo, ninguém. ⁸Então, se levantou Saulo da terra e, abrindo os olhos, nada podia ver. E, guiando-o pela mão, levaram-no para Damasco. ⁹Esteve três dias sem ver, durante os quais nada comeu, nem bebeu.

Força na quietude

LEITURA: **Êxodo 14:10-14**

...Em vos converterdes e em sossegardes, está a vossa salvação; na tranquilidade e na confiança, a vossa força... Isaías 30:15

Logo no começo de minha vida cristã as demandas do compromisso me fizeram questionar se eu aguentaria mais de um ano sem retornar aos meus velhos caminhos de pecado. Mas este versículo das Escrituras me ajudou: "O SENHOR pelejará por vós, e vós vos calareis" (ÊXODO 14:14). Estas são as palavras de Moisés aos israelitas quando haviam acabado de escapar da escravidão no Egito e estavam sendo perseguidos pelo Faraó. Eles estavam desencorajados e amedrontados.

Sendo cristão inexperiente, com as tentações me cercando, este chamado para "me calar" me encorajou. Agora, quase 40 anos depois, o desejo constante de meu viver cristão tem sido permanecer calado e calmo, enquanto confio nele em meio a situações carregadas de estresse.

"Aquietai-vos e sabei que eu sou Deus..." o salmista diz (SALMO 46:10). Quando permanecemos em quietude, aprendemos a conhecer o Senhor "...nosso refúgio e fortaleza, socorro bem presente na angústia" (v.1). Vemos as nossas fraquezas quando estamos separados de Deus e reconhecemos a nossa necessidade de nos entregarmos a Ele. O apóstolo Paulo diz: "...quando sou fraco, então, é que sou forte" (2 CORÍNTIOS 12:10).

Diariamente nos desgastamos com o estresse e outras situações frustrantes. No entanto, podemos confiar que o Senhor será fiel à Sua promessa de cuidar de nós. Aprendamos a nos aquietar.

LD

O Senhor pode acalmar a sua tempestade, porém mais frequentemente Ele acalmará você.

LEITURA DE HOJE: Êxodo 14:10-14

¹⁰E, chegando Faraó, os filhos de Israel levantaram os olhos, e eis que os egípcios vinham atrás deles, e temeram muito; então, os filhos de Israel clamaram ao Senhor. ¹¹Disseram a Moisés: Será, por não haver sepulcros no Egito, que nos tiraste de lá, para que morramos neste deserto? Por que nos trataste assim, fazendo-nos sair do Egito? ¹²Não é isso o que te dissemos no Egito: deixa-nos, para que sirvamos os egípcios? Pois melhor nos fora servir aos egípcios do que morrermos no deserto. ¹³Moisés, porém, respondeu ao povo: Não temais; aquietai-vos e vede o livramento do Senhor que, hoje, vos fará; porque os egípcios, que hoje vedes, nunca mais os tornareis a ver. ¹⁴O Senhor pelejará por vós, e vós vos calareis.

Olhe para cima!

LEITURA: **Salmo 121:1-8**

O meu socorro vem do Senhor, que fez o céu e a terra.
Salmo 121:2

No parque próximo a nossa casa, temos uma trilha pela qual gosto de caminhar. Em um dos lados, há uma vista panorâmica de arenito vermelho com um majestoso pico por trás daquelas rochas. De tempos em tempos, caminho por essa parte da trilha com a mente tão ocupada por algum assunto, que fico olhando para baixo, para a trilha ampla e plana. Se ninguém estiver por perto, posso até parar para dizer em voz alta: "olhe para cima!"

Os salmos conhecidos como "Cânticos de romagem" (SALMOS 120-134) foram cantados pelo povo de Israel à medida que caminhavam pela estrada até Jerusalém para os três festivais anuais do peregrino. O Salmo 121 começa com: "Elevo os olhos para os montes: de onde me virá o socorro?" (v.1). A resposta vem em seguida: "O meu socorro vem do Senhor, que fez o céu e a terra" (v.2). O Criador não é um ser distante, mas um companheiro que está sempre conosco, sempre atento as circunstâncias (vv.3-7), guiando e guardando a nossa jornada pela vida "...desde agora e para sempre" (v.8).

Pelos caminhos da vida, precisamos manter os nossos olhos fixos em Deus, nossa fonte de socorro. Quando nos sentimos oprimidos e desencorajados, não há problemas em dizer em voz alta: "Olhe para cima!"

DCM

*Busque sempre a presença de Deus
– sua verdadeira fonte de socorro.*

LEITURA DE HOJE: **Salmo 121:1-8**

¹ Elevo os olhos para os montes: de onde me virá o socorro? ²O meu socorro vem do Senhor, que fez o céu e a terra. ³Ele não permitirá que os teus pés vacilem; não dormitará aquele que te guarda. ⁴É certo que não dormita, nem dorme o guarda de Israel. ⁵O Senhor é quem te guarda; o Senhor é a tua sombra à tua direita. ⁶De dia não te molestará o sol, nem de noite, a lua. ⁷O Senhor te guardará de todo mal; guardará a tua alma.
⁸O Senhor guardará a tua saída e a tua entrada, desde agora e para sempre.

O fracasso não é fatal

LEITURA: **João 18:15-27**

...tu és o Santo de Deus. João 6:69

O primeiro-ministro **Winston Churchill** sabia como levantar os ânimos do povo britânico durante a Segunda Guerra Mundial. Em 18 de junho de 1940, ele disse à população amedrontada: "Hitler sabe que terá que nos destruir... ou perder a guerra... mantenhamo-nos, portanto, firmes... suportando uns aos outros para que, caso o Império Britânico [dure] por mais mil anos, os homens digam: 'Este foi seu momento mais admirável!'"

Todos nós gostaríamos de ser lembrados por nosso momento "mais admirável". Talvez o momento mais admirável do apóstolo Pedro tenha sido quando ele proclamou: "...tu és o Santo de Deus." (JOÃO 6:69). Algumas vezes, entretanto, deixamos nossos fracassos nos definirem. Após Pedro negar repetidamente que conhecia Jesus, ele afastou-se e chorou amargamente (MATEUS 26:75; JOÃO 18).

Como Pedro, todos nós falhamos — em nossos relacionamentos, em nossa luta com o pecado, em nossa fidelidade a Deus. Mas "o fracasso não é fatal" como Churchill também disse. Felizmente, isto é verdade em nossa vida espiritual. Jesus perdoou Pedro, que estava arrependido por sua falha (JOÃO 21) e o usou para pregar e levar muitos ao Salvador.

O fracasso não é fatal. Deus restaura amorosamente aqueles que se voltam para Ele. ❧

CHK

Quando Deus perdoa,
Ele remove o pecado e restaura a alma.

LEITURA DE HOJE: João 18:15-27

¹⁵Simão Pedro e outro discípulo seguiam a Jesus. [...] ¹⁶Pedro, porém, ficou de fora, junto à porta. Saindo, pois, o outro discípulo, [...] falou com a encarregada da porta e levou a Pedro para dentro. ¹⁷Então, a criada, [...] perguntou a Pedro: Não és tu também um dos discípulos deste homem? Não sou, respondeu ele. ¹⁸Ora, os servos e os guardas estavam ali, tendo acendido um braseiro, por causa do frio, e aquentavam-se. Pedro estava no meio deles, aquentando-se também. ¹⁹Então, o sumo sacerdote interrogou a Jesus acerca dos seus discípulos e da sua doutrina. ²⁰Declarou-lhe Jesus: Eu tenho falado francamente ao mundo; ensinei continuamente [...], e nada disse em oculto. ²¹Por que me interrogas? Pergunta aos que ouviram o que lhes falei; bem sabem eles o que eu disse. ²²Dizendo ele isto, um dos guardas que ali estavam deu uma bofetada em Jesus, dizendo: É assim que falas ao sumo sacerdote? ²³Replicou-lhe Jesus: Se falei mal, dá testemunho do mal; mas, se falei bem, por que me feres? ²⁴Então, Anás o enviou, manietado, à presença de Caifás, o sumo sacerdote. ²⁵Lá estava Simão Pedro, aquentando-se. Perguntaram-lhe, pois: És tu, porventura, um dos discípulos dele? Ele negou e disse: Não sou. ²⁶Um dos servos do sumo sacerdote, parente daquele a quem Pedro tinha decepado a orelha, perguntou: Não te vi eu no jardim com ele? ²⁷De novo, Pedro o negou, e, no mesmo instante, cantou o galo.

O desafio das mudanças

LEITURA: **Josué 1:6-11**

...sê forte e mui corajoso... Josué 1:7

Após um ex-atleta profissional ter sofrido uma lesão que acabou com sua carreira, ele disse a um grupo de veteranos do exército que mesmo que nunca tivesse estado em combate, entendia as pressões que as mudanças trazem.

Seja a perda de trabalho, de um casamento, uma doença séria ou revés financeiro, toda grande mudança traz desafios. Ele disse aos soldados que a chave para o sucesso ao passarmos por uma mudança dessas é pedir ajuda.

Sempre que nos encontramos em meio a transições, o livro de Josué é uma leitura recomendada. Após 40 anos de perambulação e reveses, o povo de Deus estava pronto para entrar na Terra Prometida. Moisés, seu grande líder, havia morrido e Josué, seu assistente, estava no comando.

Deus disse a Josué: "...sê forte e mui corajoso para teres o cuidado de fazer segundo toda a lei que meu servo Moisés te ordenou; dela não te desvies, nem para a direita nem para a esquerda, para que sejas bem-sucedido por onde quer que andares" (JOSUÉ 1:7). As palavras do Senhor deveriam ser o fundamento da liderança de Josué em todas as situações.

A exortação e a promessa do Senhor a Josué aplicam-se também a nós: "...Esforça-te, e tem bom ânimo; não temas, nem te espantes; porque o SENHOR teu Deus é contigo, por onde quer que andares" (v.9).

Ele está conosco em qualquer transição. DCM

Deus permanece fiel em meio a qualquer mudança.

LEITURA DE HOJE: **Josué 1:6-11**

⁶Sê forte e corajoso, porque tu farás este povo herdar a terra que, sob juramento, prometi dar a seus pais. ⁷Tão-somente sê forte e mui corajoso para teres o cuidado de fazer segundo toda a lei que meu servo Moisés te ordenou; dela não te desvies, nem para a direita nem para a esquerda, para que sejas bem-sucedido por onde quer que andares. ⁸Não cesses de falar deste Livro da Lei; antes, medita nele dia e noite, para que tenhas cuidado de fazer segundo tudo quanto nele está escrito; então, farás prosperar o teu caminho e serás bem-sucedido. ⁹Não to mandei eu? Sê forte e corajoso; não temas, nem te espantes, porque o Senhor, teu Deus, é contigo por onde quer que andares. ¹⁰Então, deu ordem Josué aos príncipes do povo, dizendo: ¹¹Passai pelo meio do arraial e ordenai ao povo, dizendo: Provede-vos de comida, porque, dentro de três dias, passareis este Jordão, para que entreis na terra que vos dá o Senhor, vosso Deus, para a possuirdes.

Vale a pena

LEITURA: **1 Coríntios 15:30-38**

...O que semeias não nasce, se primeiro não morrer.
1 Coríntios 15:36

Ao fim do século 4.°, os cristãos não eram mais lançados aos leões para entreter os cidadãos romanos. Mas os jogos da morte continuaram até o dia em que um homem saiu da multidão na ousada tentativa de impedir que dois gladiadores se matassem.

Telêmaco era um ex-monge que havia ido a Roma para as festas e acabou percebendo que não poderia tolerar o banho de sangue desse entretenimento popular. Segundo Teodoreto, bispo e historiador da igreja que viveu no século 5.°, Telêmaco clamou pelo fim da violência, mas foi apedrejado até a morte pela multidão. O imperador Honório ouviu falar desse corajoso ato e ordenou que os jogos acabassem.

Alguns podem questionar Telêmaco. A sua atitude foi a única forma de protestar contra o trágico esporte sanguinário? O apóstolo Paulo fez pergunta semelhante a si mesmo: "E por que também nós nos expomos a perigos a toda hora?" (1 CORÍNTIOS 15:30). Em 2 Coríntios 11:22-33, ele registrou alguns de seus esforços por amor a Cristo, muitos dos quais poderiam tê-lo matado. Tudo isso valeu a pena?

Na mente de Paulo, a questão estava decidida. Trocar aquilo que logo terá fim, por honra que durará para sempre é um bom investimento. Na ressurreição, a vida que foi dedicada por amor a Cristo e aos outros é semente para a eternidade da qual nunca nos arrependeremos. ✿

MRD

Sempre é hora de investir na eternidade.

LEITURA DE HOJE: **1 Coríntios 15:30-38**

³⁰E por que também nós nos expomos a perigos a toda hora? ³¹Dia após dia, morro! Eu o protesto, irmãos, pela glória que tenho em vós outros, em Cristo Jesus, nosso Senhor. ³²Se, como homem, lutei em Éfeso com feras, que me aproveita isso? Se os mortos não ressuscitam, comamos e bebamos, que amanhã morreremos. ³³Não vos enganeis: as más conversações corrompem os bons costumes. ³⁴Tornai-vos à sobriedade, como é justo, e não pequeis; porque alguns ainda não têm conhecimento de Deus; isto digo para vergonha vossa. ³⁵Mas alguém dirá: Como ressuscitam os mortos? E em que corpo vêm? ³⁶Insensato! O que semeias não nasce, se primeiro não morrer; ³⁷e, quando semeias, não semeias o corpo que há de ser, mas o simples grão, como de trigo ou de qualquer outra semente. ³⁸Mas Deus lhe dá corpo como lhe aprouve dar e a cada uma das sementes, o seu corpo apropriado.

A história completa

LEITURA: **Atos 8:26-37**

Então, Filipe explicou; e, começando por esta passagem da Escritura, anunciou-lhe a Jesus. Atos 8:35

Recentemente, meu neto de 5 anos perguntou: "Por que Jesus morreu na cruz?" E tivemos uma pequena conversa. Expliquei-lhe sobre o pecado e a prontidão de Jesus para ser o sacrifício por nós. Por fim, ele foi brincar.

Alguns minutos depois eu o ouvi conversando com sua prima Kátia, também de 5 anos, explicando-lhe porque Jesus morreu. Ela lhe disse: "Mas Jesus não está morto." Ele respondeu: "Está sim. O vovô me disse que Ele morreu numa cruz."

Percebi que eu não havia completado a história. Então tivemos outra conversa em que lhe expliquei que Jesus ressuscitou dos mortos. Repassamos os fatos da ressurreição até ele entender que Jesus está vivo ainda hoje, apesar de ter morrido por nós.

Esse é um bom lembrete de que as pessoas precisam ouvir o evangelho por completo. Quando um homem da Etiópia perguntou a Filipe sobre a porção das Escrituras que ele não havia entendido, Filipe "...explicou; e, começando por esta passagem da Escritura, anunciou-lhe a Jesus" (ATOS 8:35).

Conte aos outros as boas-novas sobre Jesus: somos todos pecadores carentes de salvação; o Filho perfeito de Deus morreu para nos salvar e ressuscitou da sepultura demonstrando o Seu poder sobre a morte. Jesus, o nosso Salvador, está vivo e se oferece agora para viver a Sua vida por meio de nós.

Quando alguém quiser saber algo sobre Jesus, lembremo-nos de contar a história completa!

JDB

Disse-lhe Jesus: Eu sou a ressurreição e a vida. Quem crê em mim, ainda que morra, viverá... JOÃO 11:25

LEITURA DE HOJE: **Atos 8:26-37**

²⁶Um anjo do Senhor falou a Filipe, dizendo: Dispõe-te e vai para o lado do Sul, [...]. Ele se levantou e foi. ²⁷Eis que um etíope, eunuco, alto oficial de Candace, rainha dos etíopes, o qual era superintendente de todo o seu tesouro, que viera adorar em Jerusalém, ²⁸estava de volta e, assentado no seu carro, vinha lendo o profeta Isaías. ²⁹Então, disse o Espírito a Filipe: Aproxima-te desse carro e acompanha-o. ³⁰Correndo Filipe, ouviu-o ler o profeta Isaías e perguntou: Compreendes o que vens lendo? ³¹Ele respondeu: Como poderei entender, se alguém não me explicar? E convidou Filipe a subir e a sentar-se junto a ele. ³²Ora, a passagem da Escritura que estava lendo era esta: Foi levado como ovelha ao matadouro; e, como um cordeiro mudo perante o seu tosquiador, assim ele não abriu a boca. ³³Na sua humilhação, lhe negaram justiça; quem lhe poderá descrever a geração? Porque da terra a sua vida é tirada. ³⁴Então, o eunuco disse a Filipe: Peço-te que me expliques a quem se refere o profeta. Fala de si mesmo ou de algum outro? ³⁵Então, Filipe explicou; e, começando por esta passagem da Escritura, anunciou-lhe a Jesus. ³⁶Seguindo eles caminho fora, chegando a certo lugar onde havia água, disse o eunuco: Eis aqui água; que impede que seja eu batizado? ³⁷[Filipe respondeu: É lícito, se crês de todo o coração. E, respondendo ele, disse: Creio que Jesus Cristo é o Filho de Deus.]

Cristo, o Redentor

LEITURA: **Jó 19:23-29**

Porque eu sei que o meu Redentor vive...
Jó 19:25

A famosa estátua do *Cristo Redentor* contempla do alto a cidade do Rio de Janeiro. A estátua representa Cristo com Seus braços estendidos, de modo que o Seu corpo exiba o formato de uma cruz. O arquiteto brasileiro, Heitor da Silva Costa, projetou essa escultura de pedra. Ele imaginou que os moradores da cidade a veriam como a primeira imagem a emergir da escuridão ao alvorecer. No crepúsculo, ele esperava que os habitantes vissem o sol poente como uma auréola atrás da cabeça da estátua.

Há muito valor em fixar os nossos olhos em nosso Redentor todos os dias, durante os momentos bons e os difíceis. Mesmo enquanto sofria, Jó disse: "...sei que o meu Redentor vive e por fim se levantará sobre a terra" (JÓ 19:25).

O clamor do coração de Jó nos leva a Jesus, nosso Salvador vivo que um dia virá à Terra novamente (1 TESSALONICENSES 4:16-18). Manter os nossos olhos fixos em Jesus significa lembrar que fomos resgatados de nosso pecado. Jesus "...a si mesmo se deu por nós, a fim de remir-nos de toda iniquidade e purificar, para si mesmo, um povo exclusivamente seu..." (TITO 2:14).

Qualquer pessoa que já aceitou Jesus como Salvador tem motivos para se alegrar hoje. Não importa o que tenhamos que suportar neste mundo, podemos ter a esperança de desfrutar da eternidade com Ele. 🌿

JBS

Por meio da cruz e da Sua ressurreição, Jesus Cristo – o Redentor, resgata e redime.

LEITURA DE HOJE: **Jó 19:23-29**

²³Quem me dera fossem agora escritas as minhas palavras! Quem me dera fossem gravadas em livro! ²⁴Que, com pena de ferro e com chumbo, para sempre fossem esculpidas na rocha! ²⁵Porque eu sei que o meu Redentor vive e por fim se levantará sobre a terra. ²⁶Depois, revestido este meu corpo da minha pele, em minha carne verei a Deus. ²⁷Vê-lo-ei por mim mesmo, os meus olhos o verão, e não outros; de saudade me desfalece o coração dentro de mim. ²⁸Se disserdes: Como o perseguiremos? E: A causa deste mal se acha nele, ²⁹temei, pois, a espada, porque tais acusações merecem o seu furor, para saberdes que há um juízo.

Uma carta do campo de batalha

LEITURA: **2 Timóteo 4:1-8**

Combati o bom combate, completei a carreira, guardei a fé.
2 Timóteo 4:7

Por mais de duas décadas Andrew Carroll pede para que as pessoas não joguem fora as cartas escritas por familiares ou amigos durante a guerra. Ele dirige um centro de memórias numa renomada universidade, e coleta essas cartas como um registro dos acontecimentos de nossa época. Carroll as considera uma conexão insubstituível para unir as famílias e abrir uma porta para o entendimento. "As gerações mais novas estão lendo essas cartas, questionando e dizendo: 'agora entendo pelo que vocês passaram, e o que sacrificaram.'"

"Quando o apóstolo Paulo estava preso em Roma e soube que a sua vida logo acabaria, escreveu uma carta ao jovem chamado Timóteo, a quem ele considerava um "filho na fé," Como um soldado no campo de batalha, Paulo abriu o seu coração a Timóteo: "...o tempo da minha partida é chegado. Combati o bom combate, completei a carreira, guardei a fé. Já agora a coroa da justiça me está guardada, a qual o Senhor, reto juiz, me dará naquele Dia; e não somente a mim, mas também a todos quantos amam a sua vinda" (2 TIMÓTEO 4:6-8).

Quando lemos as cartas que os heróis da fé cristã nos deixaram, na Bíblia, e vislumbramos o que eles viveram por causa de seu amor por Cristo, ganhamos coragem para seguir os seus exemplos e permanecer firmes por aqueles que vêm depois de nós.

DCM

**Continue correndo para completar
a carreira com a eternidade em vista.**

LEITURA DE HOJE: **2 Timóteo 4:1-8**

¹Conjuro-te, perante Deus e Cristo Jesus, que há de julgar vivos e mortos, pela sua manifestação e pelo seu reino: ²prega a palavra, insta, quer seja oportuno, quer não, corrige, repreende, exorta com toda a longanimidade e doutrina. ³Pois haverá tempo em que não suportarão a sã doutrina; pelo contrário, cercar-se-ão de mestres segundo as suas próprias cobiças, como que sentindo coceira nos ouvidos; ⁴e se recusarão a dar ouvidos à verdade, entregando-se às fábulas. ⁵Tu, porém, sê sóbrio em todas as coisas, suporta as aflições, faze o trabalho de um evangelista, cumpre cabalmente o teu ministério. ⁶Quanto a mim, estou sendo já oferecido por libação, e o tempo da minha partida é chegado. ⁷Combati o bom combate, completei a carreira, guardei a fé. ⁸Já agora a coroa da justiça me está guardada, a qual o Senhor, reto juiz, me dará naquele Dia; e não somente a mim, mas também a todos quantos amam a sua vinda.

Ver além da perda

LEITURA: **Salmo 77:1-15**

Recordo os feitos do Senhor, pois me lembro das tuas maravilhas da antiguidade. Salmo 77:11

O autor **William Zinsser** descreveu sua última visita à casa onde cresceu, o lugar que ele amou profundamente quando era menino. Quando ele e sua esposa chegaram à colina e olharam para aquela baía, descobriram que a casa havia sido demolida. Sobrara apenas uma enorme cratera. Desalentados, eles caminharam até o dique próximo e, Zinsser olhou a baía, absorvendo essa vista e os sons. Mais tarde, ele escreveu sobre este momento: "Eu estava em paz e um pouco triste. A vista estava intacta: o cenário exclusivo de terra e mar, do qual eu lembro tão bem e com o qual ainda sonho."

O salmista escreveu sobre um momento difícil quando sua alma se recusava a ser consolada e seu espírito sentia-se esmagado (SALMO 77:2,3). Mas em meio à luta, ele mudou o seu foco, que estava em sua tristeza, para o Seu Salvador dizendo: "...isto é a minha aflição; mudou-se a destra do Altíssimo. Recordo os feitos do Senhor, pois me lembro das tuas maravilhas da antiguidade" (v.10,11).

Ao lidar com a decepção, podemos nos focar em nossa perda ou no próprio Deus. O Senhor nos convida a olhar para Ele e ver a extensão de Sua bondade, Sua presença conosco e Seu amor eterno.

DCM

*Pai celestial, esta vida pode ser maravilhosa
ou decepcionante. Mas sabemos que tu és a única
esperança para o mundo. Amém.*

A fé na bondade de Deus mantém a esperança viva.

LEITURA DE HOJE: Salmo 77:1-15

¹ Elevo a Deus a minha voz e clamo, elevo a Deus a minha voz, para que me atenda. ²No dia da minha angústia, procuro o Senhor; erguem-se as minhas mãos durante a noite e não se cansam; a minha alma recusa consolar-se. ³Lembro-me de Deus e passo a gemer; medito, e me desfalece o espírito. ⁴Não me deixas pregar os olhos; tão perturbado estou, que nem posso falar. ⁵Penso nos dias de outrora, trago à lembrança os anos de passados tempos. ⁶De noite indago o meu íntimo, e o meu espírito perscruta. ⁷Rejeita o Senhor para sempre? Acaso, não torna a ser propício? ⁸Cessou perpetuamente a sua graça? Caducou a sua promessa para todas as gerações? ⁹Esqueceu-se Deus de ser benigno? Ou, na sua ira, terá ele reprimido as suas misericórdias? ¹⁰Então, disse eu: isto é a minha aflição; mudou-se a destra do Altíssimo. ¹¹Recordo os feitos do Senhor, pois me lembro das tuas maravilhas da antiguidade. ¹²Considero também nas tuas obras todas e cogito dos teus prodígios. ¹³O teu caminho, ó Deus, é de santidade. Que deus é tão grande como o nosso Deus? ¹⁴Tu és o Deus que operas maravilhas e, entre os povos, tens feito notório o teu poder. ¹⁵Com o teu braço remiste o teu povo, os filhos de Jacó e de José.

Não diga adeus

LEITURA: **Filipenses 4:1-9**

O que também aprendestes, e recebestes, e ouvistes, e vistes em mim, isso praticai; e o Deus da paz será convosco. Filipenses 4:9

Francis Allen foi quem me levou a conhecer Jesus como Salvador, e agora se aproximava a hora de ele encontrar-se com Jesus face a face. Eu estava em sua casa e chegara o momento da despedida. Eu queria dizer algo memorável e significativo.

Por quase uma hora fiquei ao lado de sua cama. Ele ria muito das histórias que eu lhe contava sobre a minha vida. Mas ele se cansou, ficamos sérios e ele investiu a sua energia aparando algumas arestas que ainda via em minha vida. Eu o ouvi, enquanto pensava nas palavras para lhe dizer adeus.

Ele me interrompeu antes de eu poder me despedir. "Lembre-se do que eu sempre lhe disse. Não temos nada a temer na história da vida porque sabemos como ela termina. Eu não estou com medo. Vá fazer o que lhe ensinei." Aquelas palavras desafiadoras me lembraram do que o apóstolo Paulo disse aos cristãos em Filipos: "O que também aprendestes, e recebestes, e ouvistes, e vistes em mim, isso praticai..." (FILIPENSES 4:9).

Allen tinha o mesmo brilho em seus olhos naquele seu último dia como o tinha no dia em que o conheci. Ele não tinha medo em seu coração.

Muitas das palavras que escrevo, histórias que conto e pessoas a quem sirvo são tocadas pela vida dele. Na jornada desta vida, lembremo-nos daqueles que nos encorajaram espiritualmente.

RKK

Viva de modo que as pessoas ao conhecê-lo, desejem conhecer a Cristo.

LEITURA DE HOJE: **Filipenses 4:1-9**

¹ Portanto, meus irmãos, amados e mui saudosos, minha alegria e coroa, sim, amados, permanecei, deste modo, firmes no Senhor. ²Rogo a Evódia e rogo a Síntique pensem concordemente, no Senhor. ³A ti, fiel companheiro de jugo, também peço que as auxilies, pois juntas se esforçaram comigo no evangelho, também com Clemente e com os demais cooperadores meus, cujos nomes se encontram no Livro da Vida. ⁴Alegrai-vos sempre no Senhor; outra vez digo: alegrai-vos. ⁵Seja a vossa moderação conhecida de todos os homens. Perto está o Senhor. ⁶Não andeis ansiosos de coisa alguma; em tudo, porém, sejam conhecidas, diante de Deus, as vossas petições, pela oração e pela súplica, com ações de graças. ⁷E a paz de Deus, que excede todo o entendimento, guardará o vosso coração e a vossa mente em Cristo Jesus. ⁸Finalmente, irmãos, tudo o que é verdadeiro, tudo o que é respeitável, tudo o que é justo, tudo o que é puro, tudo o que é amável, tudo o que é de boa fama, se alguma virtude há e se algum louvor existe, seja isso o que ocupe o vosso pensamento. ⁹O que também aprendestes, e recebestes, e ouvistes, e vistes em mim, isso praticai; e o Deus da paz será convosco.

Só fique por perto

LEITURA: **Salmo 34:4-18**

Perto está o SENHOR dos que têm o coração quebrantado... Salmo 34:18

Minha amiga estava passando por alguns desafios difíceis em sua vida e com a sua família. Eu não sabia o que dizer ou fazer, e não neguei que não sabia como agir. Ela me olhou e acrescentou: "Só fique por perto." Foi isso que fiz e depois começamos a falar sobre o amor de Deus.

Muitas vezes, não sabemos como reagir quando outros estão sofrendo e as palavras podem causar mais mal do que bem. Servir aos outros exige que os entendamos e descubramos o que precisam. Geralmente podemos ajudar suprindo as necessidades práticas. Mas uma das melhores maneiras de encorajar aqueles que estão sofrendo é permanecer por perto — sentar-se ao seu lado e ouvir.

Deus se aproxima de nós quando o chamamos, afirma o salmista: "Clamam os justos, e o SENHOR os escuta e os livra de todas as suas tribulações. Perto está o SENHOR dos que têm o coração quebrantado e salva os de espírito oprimido" (SALMO 34:17,18).

Quando nos colocarmos na situação de outros e permitirmos que o nosso coração sinta compaixão, poderemos ajudar aqueles que estão sofrendo. Podemos estar perto deles como Deus está de nós, e nos sentarmos ao seu lado. No momento certo, o Espírito Santo nos dará as palavras para serem ditas, se forem necessárias. ❧ KO

A melhor forma de encorajar
alguém pode ser apenas permanecer por perto.

LEITURA DE HOJE: **Salmo 34:4-18**

⁴Busquei o Senhor, e ele me acolheu; livrou-me de todos os meus temores. ⁵Contemplai-o e sereis iluminados, e o vosso rosto jamais sofrerá vexame. ⁶Clamou este aflito, e o Senhor o ouviu e o livrou de todas as suas tribulações. ⁷O anjo do Senhor acampa-se ao redor dos que o temem e os livra. ⁸Oh! Provai e vede que o Senhor é bom; bem-aventurado o homem que nele se refugia. ⁹Temei o Senhor, vós os seus santos, pois nada falta aos que o temem. ¹⁰Os leõezinhos sofrem necessidade e passam fome, porém aos que buscam o Senhor bem nenhum lhes faltará. ¹¹Vinde, filhos, e escutai-me; eu vos ensinarei o temor do Senhor. ¹²Quem é o homem que ama a vida e quer longevidade para ver o bem? ¹³Refreia a língua do mal e os lábios de falarem dolosamente. ¹⁴Aparta-te do mal e pratica o que é bom; procura a paz e empenha-te por alcançá-la. ¹⁵Os olhos do Senhor repousam sobre os justos, e os seus ouvidos estão abertos ao seu clamor. ¹⁶O rosto do Senhor está contra os que praticam o mal, para lhes extirpar da terra a memória. ¹⁷Clamam os justos, e o Senhor os escuta e os livra de todas as suas tribulações. ¹⁸Perto está o Senhor dos que têm o coração quebrantado e salva os de espírito oprimido.

O check-up

LEITURA: **Salmo 139:17-24**

Sonda-me ó Deus [...] vê se há em mim algum caminho mau... Salmo 139:23,24

Chegou aquele momento do ano em que vou ao médico para o checkup anual. Ainda que me sinta bem e não esteja com problemas de saúde, sei que esses exames rotineiros são importantes, porque podem revelar problemas escondidos que se não descobertos podem evoluir para questões sérias de saúde. Sei que dar permissão ao meu médico para procurar e medicar problemas obscuros pode aumentar o meu tempo de vida saudável.

Claramente, o salmista se sentia assim espiritualmente. Apelando a Deus que o sondasse em busca de pecados escondidos, ele orou: "Sonda-me ó Deus [...] vê se há em mim algum caminho mau e guia-me pelo caminho eterno" (SALMO 139:23,24). Ele parou para dar a Deus a oportunidade de uma inspeção completa e irrestrita e então se entregou aos Seus justos caminhos que o manteriam espiritualmente saudável.

Mesmo que você esteja bem consigo mesmo, é hora de um check-up! Somente Deus conhece a verdadeira condição de nosso coração e somente Ele pode nos perdoar, curar e nos levar a uma vida pura e a um futuro produtivo. *JMS*

*A obra de Deus em nós
não acaba quando somos salvos;
isso é só o começo.*

LEITURA DE HOJE: Salmo 139:17-24

¹⁷Que preciosos para mim, ó Deus, são os teus pensamentos! E como é grande a soma deles! ¹⁸Se os contasse, excedem os grãos de areia; contaria, contaria, sem jamais chegar ao fim. ¹⁹Tomara, ó Deus, desses cabo do perverso; apartai-vos, pois, de mim, homens de sangue. ²⁰Eles se rebelam insidiosamente contra ti e como teus inimigos falam malícia. ²¹Não aborreço eu, Senhor, os que te aborrecem? E não abomino os que contra ti se levantam? ²²Aborreço-os com ódio consumado; para mim são inimigos de fato. ²³Sonda-me, ó Deus, e conhece o meu coração, prova-me e conhece os meus pensamentos; ²⁴vê se há em mim algum caminho mau e guia-me pelo caminho eterno.

O bom coração de Deus

LEITURA: **Romanos 5:1-11**

Meus irmãos, tende por motivo de toda alegria o passardes por várias provações. Tiago 1:2

Rogério passou por vários maus momentos. Ele foi submetido a chamada "cirurgia cardíaca a céu aberto" para reparar uma valva que vazava. Semanas depois, os médicos tiveram de refazê-la, devido as complicações pós-operatórias. Pouco depois de começar a recuperação com fisioterapia, ele sofreu um acidente de bicicleta e fraturou a clavícula. Além disso, Rogério também sofreu a dor de perder a mãe neste período e ficou muito desanimado. Quando um amigo lhe perguntou se havia visto Deus agir de alguma maneira, ainda que pequena, ele confessou que realmente não tinha sentido isso.

Eu aprecio a honestidade dele. Os sentimentos de desânimo ou dúvida fazem parte de minha vida também. O apóstolo Paulo diz: "...nos gloriamos nas próprias tribulações, sabendo que a tribulação produz perseverança; e a perseverança, experiência; e a experiência, esperança" (ROMANOS 5:3,4). Mas isso não significa que sempre sentimos alegria. Podemos precisar de que alguém se sente ao nosso lado e nos escute ao expressarmos os nossos sentimentos; e de conversar com Deus. Às vezes, é necessário rever a situação antes de vermos como a nossa fé amadureceu durante as provações e dúvidas.

Saber que Deus quer usar as nossas dificuldades para fortalecer a nossa fé pode nos ajudar a confiar que Ele deseja o nosso bem. ✿

AMC

Deus pode nos levar a águas turbulentas para aprofundar nossa confiança nele.

LEITURA DE HOJE: **Romanos 5:1-11**

¹Justificados, pois, mediante a fé, temos paz com Deus por meio de nosso Senhor Jesus Cristo; ²por intermédio de quem obtivemos igualmente acesso, pela fé, a esta graça na qual estamos firmes; e gloriamo-nos na esperança da glória de Deus. ³E não somente isto, mas também nos gloriamos nas próprias tribulações, sabendo que a tribulação produz perseverança; ⁴e a perseverança, experiência; e a experiência, esperança. ⁵Ora, a esperança não confunde, porque o amor de Deus é derramado em nosso coração pelo Espírito Santo, que nos foi outorgado. ⁶Porque Cristo, quando nós ainda éramos fracos, morreu a seu tempo pelos ímpios. ⁷Dificilmente, alguém morreria por um justo; pois poderá ser que pelo bom alguém se anime a morrer. ⁸Mas Deus prova o seu próprio amor para conosco pelo fato de ter Cristo morrido por nós, sendo nós ainda pecadores. ⁹Logo, muito mais agora, sendo justificados pelo seu sangue, seremos por ele salvos da ira. ¹⁰Porque, se nós, quando inimigos, fomos reconciliados com Deus mediante a morte do seu Filho, muito mais, estando já reconciliados, seremos salvos pela sua vida; ¹¹e não apenas isto, mas também nos gloriamos em Deus por nosso Senhor Jesus Cristo, por intermédio de quem recebemos, agora, a reconciliação.

Propósito na rotina

LEITURA: **1 Coríntios 9:19-27**

Assim corro também eu, não sem meta...
1 Coríntios 9:26

Um relógio de esferas rolantes no Museu Britânico me impactou como uma vívida ilustração dos efeitos mortais da rotina. Uma pequena esfera de aço viajava em sulcos ao longo de uma placa de aço inclinada, até uma alavanca no outro lado. Isso inclinava a placa na direção oposta, invertia o sentido da esfera e avançava os ponteiros do relógio. Todos os anos, a esfera de aço percorria cerca de 4 mil quilômetros indo e vindo, mas nunca ia realmente a qualquer lugar.

É fácil nos sentirmos presos por nossa rotina diária, quando não conseguimos ver um propósito maior. O apóstolo Paulo desejava ser eficaz em tornar conhecido o evangelho de Cristo. "Assim corro também eu, não sem meta; assim luto, não como desferindo golpes no ar" (1 CORÍNTIOS 9:26). Qualquer coisa pode se tornar monótona — viajar, pregar, ensinar e, especialmente, estar confinado na prisão. Contudo, Paulo acreditava que podia servir a Cristo, o seu Senhor, em toda situação.

A rotina se torna letal quando não conseguimos ver um propósito nela. A visão de Paulo foi além de qualquer circunstância limitadora porque ele estava na corrida da fé para continuar até cruzar a linha de chegada. Incluindo Jesus em todos os aspectos de sua vida, Paulo encontrou significado até nas rotinas do cotidiano.

E nós também podemos descobrir esse propósito maior.

DCM

Jesus pode transformar nossa rotina em serviço de muito valor para Ele.

LEITURA DE HOJE: **1 Coríntios 9:19-27**

¹⁹Porque, sendo livre de todos, fiz-me escravo de todos, a fim de ganhar o maior número possível. ²⁰Procedi, para com os judeus, como judeu, a fim de ganhar os judeus; para os que vivem sob o regime da lei, como se eu mesmo assim vivesse, para ganhar os que vivem debaixo da lei, embora não esteja eu debaixo da lei. ²¹Aos sem lei, como se eu mesmo o fosse, não estando sem lei para com Deus, mas debaixo da lei de Cristo, para ganhar os que vivem fora do regime da lei. ²²Fiz-me fraco para com os fracos, com o fim de ganhar os fracos. Fiz-me tudo para com todos, com o fim de, por todos os modos, salvar alguns. ²³Tudo faço por causa do evangelho, com o fim de me tornar cooperador com ele. ²⁴Não sabeis vós que os que correm no estádio, todos, na verdade, correm, mas um só leva o prêmio? Correi de tal maneira que o alcanceis. ²⁵Todo atleta em tudo se domina; aqueles, para alcançar uma coroa corruptível; nós, porém, a incorruptível. ²⁶Assim corro também eu, não sem meta; assim luto, não como desferindo golpes no ar. ²⁷Mas esmurro o meu corpo e o reduzo à escravidão, para que, tendo pregado a outros, não venha eu mesmo a ser desqualificado.

Não demore

LEITURA: **Lucas 9:57-62**

Porque Deus amou ao mundo de tal maneira que deu o seu Filho unigênito, para que todo o que nele crê não pereça, mas tenha a vida eterna. João 3:16

Durante muitos anos, falei com um primo distante acerca de nossa necessidade por um Salvador. Quando ele me visitou recentemente e eu, mais uma vez, o instei para que ele recebesse Cristo, sua resposta imediata foi: "Eu gostaria de aceitar Jesus e me juntar à igreja, mas ainda não. Eu vivo entre pessoas de outras crenças. A menos que eu mude de endereço, não serei capaz de praticar bem a minha fé." Ele citou a perseguição, a zombaria e a pressão de seus pares como desculpas para adiar a sua decisão.

Seus temores eram legítimos, mas eu lhe assegurei que, acontecesse o que acontecesse, Deus não o abandonaria. Incentivei meu primo a não demorar, mas confiar no cuidado e na proteção de Deus. Ele desistiu de suas defesas, reconheceu sua necessidade do perdão de Cristo e confiou nele como seu Salvador pessoal.

Quando Jesus convidava as pessoas a segui-lo, elas também davam desculpas — todas se referiam a ocupações deste mundo (LUCAS 9:59-62). A resposta do Senhor a essas pessoas (vv.60-62) nos exorta a não deixar que as desculpas nos privem das coisas mais importantes na vida: a salvação de nossa alma.

Você está ouvindo Deus chamando-o para entregar a sua vida a Ele? Não demore: "... eis, agora, o tempo sobremodo oportuno, eis, agora, o dia da salvação" (2 CORÍNTIOS 6:2). LD

Hoje é o dia da salvação!

LEITURA DE HOJE: **Lucas 9:57-62**

⁵⁷Indo eles caminho fora, alguém lhe disse: Seguir-te-ei para onde quer que fores. ⁵⁸Mas Jesus lhe respondeu: As raposas têm seus covis, e as aves do céu, ninhos; mas o Filho do Homem não tem onde reclinar a cabeça. ⁵⁹A outro disse Jesus: Segue-me! Ele, porém, respondeu: Permite-me ir primeiro sepultar meu pai. ⁶⁰Mas Jesus insistiu: Deixa aos mortos o sepultar os seus próprios mortos. Tu, porém, vai e prega o reino de Deus. ⁶¹Outro lhe disse: Seguir-te-ei, Senhor; mas deixa-me primeiro despedir-me dos de casa. ⁶²Mas Jesus lhe replicou: Ninguém que, tendo posto a mão no arado, olha para trás é apto para o reino de Deus.

Os cristãos e a perseguição

LEITURA: **Apocalipse 2:8-11**

...Sê fiel até a morte, e dar-te-ei a coroa da vida. v.10

A cidade de Esmirna era considerada a mais bonita da Ásia Menor. Nela encontra-se o templo do imperador Tibério. Muitos judeus que lá habitavam, praticavam a adoração ao imperador para receber vantagens e perseguiam os cristãos porque estes adoravam exclusivamente a Deus.

Na carta à igreja em Esmirna, Jesus se apresenta como Aquele que venceu a morte. E diz-lhes: "Conheço a tua tribulação, a tua pobreza...", deixando claro que nenhum aspecto da vida deles lhe é oculto. A palavra escolhida pelo apóstolo João para "pobreza" é o mesmo que "miséria". Os bens daqueles cristãos foram confiscados pelo Império Romano, pelo simples fato de servirem a Deus. No entanto, se são pobres materialmente, Jesus destaca sua riqueza de caráter.

Cristo também os avisa de uma perseguição que lhes sobreviria e duraria 10 dias. Ou seja, afirma que o sofrimento tem começo e fim porque o Senhor está no controle.

Encerrando essa carta há duas promessas: uma coroa da vida e a vida eterna. Da mesma forma, quando somos difamados ou perseguidos por amor a Cristo, podemos ter certeza de que o Senhor está no controle, e se perseverarmos, herdaremos a vida eterna. Quem persevera demonstra que, de fato, nasceu de novo. Quando o sofrimento surge há apenas duas opções: ou você melhora ou padece. Qual a sua escolha? *LRS*

As provações são oportunidades de consolidar o nosso caráter.

LEITURA DE HOJE: **Apocalipse 2:8-11**

⁸Ao anjo da igreja em Esmirna escreve: Estas coisas diz o primeiro e o último, que esteve morto e tornou a viver: ⁹Conheço a tua tribulação, a tua pobreza (mas tu és rico) e a blasfêmia dos que a si mesmos se declaram judeus e não são, sendo, antes, sinagoga de Satanás. ¹⁰Não temas as coisas que tens de sofrer. Eis que o diabo está para lançar em prisão alguns dentre vós, para serdes postos à prova, e tereis tribulação de dez dias. Sê fiel até à morte, e dar-te-ei a coroa da vida. ¹¹Quem tem ouvidos, ouça o que o Espírito diz às igrejas: O vencedor de nenhum modo sofrerá dano da segunda morte.

Segurando-me

LEITURA: **Salmo 34:1-7**

Porque eu, o Senhor, teu Deus, te tomo pela tua mão direita e te digo: Não temas, que eu te ajudo. Isaías 41:13

Depois que parei de viajar com meus pais, tornou-se raro visitar os meus avós que viviam a centenas de quilômetros de distância de nós. Então, certo ano, decidi visitá-los num fim de semana prolongado. Enquanto íamos até o aeroporto para o meu voo de regresso, vovó, que nunca havia viajado de avião, começou a expressar-me os seus medos: "Esse avião em que você voou era tão pequeno. Não há nada realmente segurando você lá em cima, não é? Eu ficaria com muito medo de ir tão alto."

No momento em que entrei no pequeno avião, eu estava tão amedrontada quanto na primeira vez em que tinha viajado. Afinal, exatamente o que está segurando esse avião?

Os medos irracionais, ou até mesmo legítimos, não precisam nos aterrorizar. Davi viveu como fugitivo, com medo do rei Saul que o perseguia, implacavelmente, por ciúmes da popularidade do salmista junto ao povo. Davi só encontrava o verdadeiro consolo e conforto em seu relacionamento com Deus. Em Salmo 34, ele escreveu: "Busquei o Senhor, e ele me acolheu; livrou-me de todos os meus temores" (v.4).

Nosso Pai no céu é totalmente sábio e amoroso. Quando o medo começa a nos subjugar, precisamos parar e nos lembrar de que Ele é o nosso Deus e sempre vai nos amparar. CHK

Quando cremos que Deus é bom, podemos aprender a eliminar os nossos medos.

LEITURA DE HOJE: **Salmo 34:1-7**

¹Bendirei o SENHOR em todo o tempo, o seu louvor estará sempre nos meus lábios. ²Gloriar-se-á no SENHOR a minha alma; os humildes o ouvirão e se alegrarão. ³Engrandecei o SENHOR comigo, e todos, à uma, lhe exaltemos o nome. ⁴Busquei o SENHOR, e ele me acolheu; livrou-me de todos os meus temores. ⁵Contemplai-o e sereis iluminados, e o vosso rosto jamais sofrerá vexame. ⁶Clamou este aflito, e o SENHOR o ouviu e o livrou de todas as suas tribulações. ⁷O anjo do SENHOR acampa-se ao redor dos que o temem e os livra.

Continuará...

LEITURA: **1 Coríntios 15:50-58**

...Tragada foi a morte pela vitória.
1 Coríntios 15:54

Como cresci na década de 1950, eu frequentemente ia à matinê de sábado no cinema local. Além de desenhos animados e do filme principal, havia um seriado de aventura que sempre terminava com o herói ou a heroína diante de uma situação impossível. Parecia não haver saída, mas cada episódio terminava com as palavras "Continua..."

O apóstolo Paulo conhecia bem as situações de ameaça à vida. Ele foi preso, espancado, apedrejado e naufragou enquanto tentava levar as boas-novas de Jesus Cristo às pessoas. Ele sabia que algum dia iria morrer, mas nunca considerou esse o fim da sua história. Paulo escreveu aos seguidores de Jesus em Corinto: "E, quando este corpo corruptível se revestir de incorruptibilidade, e o que é mortal se revestir de imortalidade, então, se cumprirá a palavra que está escrita: Tragada foi a morte pela vitória" (1 CORÍNTIOS 15:54). A paixão da vida de Paulo era contar aos outros que Jesus, nosso Salvador, deu Sua vida na cruz para que, mediante a fé nele, nós possamos receber perdão por todos os nossos pecados e ter a vida eterna.

Não somos como o herói do filme, que sempre escapa da morte certa. Chegará o dia em que nossa vida terrena terminará por morte ou pela volta de Cristo. Mas pela graça e misericórdia de Deus, a história de sua vida e da minha "continuará". DCM

Na vida e na morte, Cristo é a nossa esperança.

LEITURA DE HOJE: 1 Coríntios 15:50-58

⁵⁰Isto afirmo, irmãos, que a carne e o sangue não podem herdar o reino de Deus, nem a corrupção herdar a incorrupção. ⁵¹Eis que vos digo um mistério: nem todos dormiremos, mas transformados seremos todos, ⁵²num momento, num abrir e fechar de olhos, ao ressoar da última trombeta. A trombeta soará, os mortos ressuscitarão incorruptíveis, e nós seremos transformados. ⁵³Porque é necessário que este corpo corruptível se revista da incorruptibilidade, e que o corpo mortal se revista da imortalidade. ⁵⁴E, quando este corpo corruptível se revestir de incorruptibilidade, e o que é mortal se revestir de imortalidade, então, se cumprirá a palavra que está escrita: ⁵⁵Onde está, ó morte, a tua vitória? Onde está, ó morte, o teu aguilhão? ⁵⁶O aguilhão da morte é o pecado, e a força do pecado é a lei. ⁵⁷Graças a Deus, que nos dá a vitória por intermédio de nosso Senhor Jesus Cristo. ⁵⁸Portanto, meus amados irmãos, sede firmes, inabaláveis e sempre abundantes na obra do Senhor, sabendo que, no Senhor, o vosso trabalho não é vão.

Amigos das madrugadas

LEITURA: **Colossenses 4:2-15**

...se esforça [...] por vós nas orações, para que vos conserveis perfeitos e plenamente convictos em toda a vontade de Deus. Colossenses 4:12

Um amigo me contou acerca de um grupo de pessoas que compartilham um forte vínculo de fé em Cristo. Uma delas, uma mulher de 93 anos, disse: "Sinto que posso ligar para qualquer um de vocês às 2 da manhã, sem precisar me desculpar, se sentir necessidade de qualquer tipo de ajuda." Quer haja necessidade de oração, ajuda prática ou alguém para estar presente, num momento de necessidade, esses amigos têm um compromisso incondicional entre si.

O mesmo compromisso resplandece na carta de Paulo aos cristãos de Colossos. Escrevendo da prisão em Roma, Paulo diz que está enviando Tíquico e Onésimo para encorajá-los (COLOSSENSES 4:7-9). Aristarco, Marcos e Justo enviam saudações (vv.10,11). E Epafras "...se esforça sobremaneira, continuamente, por vós nas orações, para que vos conserveis perfeitos e plenamente convictos em toda a vontade de Deus" (v.12). Estas são ousadas garantias de ajuda prática e profundo amor.

Você faz parte de um "grupo de amigos da madrugada"? Se sim, dê graças pela fidelidade desses amigos. Se não, peça ao Senhor para conectá-lo a outra pessoa com quem você possa compartilhar o compromisso de orar e cuidar. Suspeito que, logo, o grupo crescerá e incluirá outras pessoas. Compartilhem o amor de Cristo entre si.

Qualquer coisa. A qualquer momento. Em qualquer lugar. Tudo em nome de Jesus! DCM

Ninguém tem maior amor do que [...] dar [...] a própria vida em favor dos seus amigos. JESUS

LEITURA DE HOJE: **Colossenses 4:2-15**

²Perseverai na oração, vigiando com ações de graças. ³Suplicai, ao mesmo tempo, também por nós, para que Deus nos abra porta à palavra, a fim de falarmos do mistério de Cristo, pelo qual também estou algemado; ⁴para que eu o manifeste, como devo fazer. ⁵Portai-vos com sabedoria para com os que são de fora; aproveitai as oportunidades. ⁶A vossa palavra seja sempre agradável, temperada com sal, para saberdes como deveis responder a cada um. [...] Tíquico, [] ⁸Eu vo-lo envio com o expresso propósito de vos dar conhecimento da nossa situação e de alentar o vosso coração. ⁹Em sua companhia, vos envio Onésimo, o fiel e amado irmão, que é do vosso meio. Eles vos farão saber tudo o que por aqui ocorre.

As saudações finais. ¹⁰Saúda-vos Aristarco, prisioneiro comigo, e Marcos, primo de Barnabé (sobre quem recebestes instruções; se ele for ter convosco, acolhei-o), ¹¹e Jesus, conhecido por Justo, os quais são os únicos da circuncisão que cooperam pessoalmente comigo pelo reino de Deus. Eles têm sido o meu lenitivo. ¹²Saúda-vos Epafras, que é dentre vós, servo de Cristo Jesus, o qual se esforça sobremaneira, continuamente, por vós nas orações, para que vos conserveis perfeitos e plenamente convictos em toda a vontade de Deus. ¹³E dele dou testemunho de que muito se preocupa por vós, pelos de Laodiceia e pelos de Hierápolis. ¹⁴Saúda-vos Lucas, o médico amado, e também Demas...

Os segundos contam

LEITURA: **Salmo 39:4-13**

Dá-me a conhecer, Senhor, o meu fim... Salmo 39:4

Aos 59 anos, meu amigo, Bob Boardman, escreveu: "Se os 70 anos de uma vida normal fossem espremidos em um único dia de 24 horas, seriam agora 8h30 da noite em minha vida... O tempo está passando muito rapidamente."

A dificuldade em admitir que o nosso tempo neste mundo é limitado inspirou a criação de um relógio de pulso que mostra a hora, calcula o seu tempo previsto de vida e exibe a contagem do seu tempo restante. Ele é anunciado como o relógio "que faz a contagem regressiva da sua vida, para você ser capaz de fazer cada segundo valer".

No Salmo 39, Davi enfrentou a brevidade de sua vida, dizendo: "Dá-me a conhecer, Senhor, o meu fim e qual a soma dos meus dias, para que eu reconheça a minha fragilidade" (v.4). Ele descreveu sua vida como não mais do que a largura de seu palmo, apenas um momento para Deus, e simplesmente um sopro (v.5). Davi concluiu: "E eu, Senhor, que espero? Tu és a minha esperança" (v.7).

O relógio está batendo. Estou desperdiçando o meu tempo? De que maneira estou fazendo os meus dias valerem a pena? Em que áreas de minha vida preciso mudar? Agora é a hora de procurar o poder de Deus para nos ajudar a nos tornarmos as pessoas que Ele quer que sejamos. Encontrar a esperança em nosso Deus eterno dá significado a nossa vida hoje. DCM

O tempo de viver para Jesus é agora.

LEITURA DE HOJE: **Salmo 39:4-13**

⁴Dá-me a conhecer, Senhor, o meu fim e qual a soma dos meus dias, para que eu reconheça a minha fragilidade. ⁵Deste aos meus dias o comprimento de alguns palmos; à tua presença, o prazo da minha vida é nada. Na verdade, todo homem, por mais firme que esteja, é pura vaidade. ⁶Com efeito, passa o homem como uma sombra; em vão se inquieta; amontoa tesouros e não sabe quem os levará. ⁷E eu, Senhor, que espero? Tu és a minha esperança. ⁸Livra-me de todas as minhas iniquidades; não me faças o opróbrio do insensato. ⁹Emudeço, não abro os lábios porque tu fizeste isso. ¹⁰Tira de sobre mim o teu flagelo; pelo golpe de tua mão, estou consumido. ¹¹Quando castigas o homem com repreensões, por causa da iniquidade, destróis nele, como traça, o que tem de precioso. Com efeito, todo homem é pura vaidade. ¹²Ouve, Senhor, a minha oração, escuta-me quando grito por socorro; não te emudeças à vista de minhas lágrimas, porque sou forasteiro à tua presença, peregrino como todos os meus pais o foram. ¹³Desvia de mim o olhar, para que eu tome alento, antes que eu passe e deixe de existir.

Aguardando uma resposta

LEITURA: **Salmo 9:1-10**

Em ti [...] confiam os que conhecem o teu nome, porque tu, Senhor, não desamparas os que te buscam. Salmo 9:10

Nossa filha fugiu aos 15 anos e ficou mais de 3 semanas fora — as mais longas de nossa vida. Procuramos por ela em todos os lugares e pedimos ajuda à polícia e aos amigos. Nesses dias de desespero, aprendemos a importância de esperar em Deus em oração. Havíamos chegado ao fim de nossa força e recursos. Tínhamos de confiar em Deus.

Era o Dia dos Pais quando a encontramos. Estávamos no estacionamento de um restaurante, indo jantar, quando o telefone tocou. Uma garçonete de outro restaurante a havia visto. Nossa filha estava a apenas três quarteirões de distância. Logo a levamos para casa, sã e salva.

Temos de esperar em Deus, quando oramos. Podemos não saber como ou quando Ele responderá, mas podemos colocar nosso coração constantemente diante dele em oração. Às vezes, as respostas às nossas orações não vêm quando desejamos. As coisas podem até ir de mal a pior. Mas temos de perseverar, continuar crendo e seguir pedindo.

Esperar nunca é fácil, mas o resultado final, seja qual for, valerá a pena. Davi declarou: "Em ti, pois, confiam os que conhecem o teu nome, porque tu, Senhor, não desamparas os que te buscam" (SALMO 9:10).

Continue buscando. Continue confiando. Continue pedindo. Continue orando.

JBB

O tempo investido em oração é sempre bem utilizado.

LEITURA DE HOJE: **Salmo 9:1-10**

¹Louvar-te-ei, Senhor, de todo o meu coração; contarei todas as tuas maravilhas. ²Alegrar-me-ei e exultarei em ti; ao teu nome, ó Altíssimo, eu cantarei louvores. ³Pois, ao retrocederem os meus inimigos, tropeçam e somem-se da tua presença; ⁴porque sustentas o meu direito e a minha causa; no trono te assentas e julgas retamente. ⁵Repreendes as nações, destróis o ímpio e para todo o sempre lhes apagas o nome. ⁶Quanto aos inimigos, estão consumados, suas ruínas são perpétuas, arrasaste as suas cidades; até a sua memória pereceu. ⁷Mas o Senhor permanece no seu trono eternamente, trono que erigiu para julgar. ⁸Ele mesmo julga o mundo com justiça; administra os povos com retidão. ⁹O Senhor é também alto refúgio para o oprimido, refúgio nas horas de tribulação. ¹⁰Em ti, pois, confiam os que conhecem o teu nome, porque tu, Senhor, não desamparas os que te buscam.

Tornando-se invisível

LEITURA: **Êxodo 2:11-22**

Tudo tem o seu tempo determinado, e há tempo para todo propósito debaixo do céu.
Eclesiastes 3:1

No país onde moro, há uma época do ano em que as plantas desafiam a morte permanecendo sob o solo até que seja seguro sair de novo. Antes de o inverno chegar e o solo congelar, elas eliminam suas belas flores e se retiram para um lugar onde podem descansar e poupar energia para a próxima estação de crescimento. Ao contrário do que parece, elas não estão mortas: estão dormentes. Quando a primavera vem e o solo degela, elas voltam a levantar-se para o céu, saudando o seu Criador com cores brilhantes e doces fragrâncias.

As estações da vida exigem que, por vezes, entremos num período de dormência. Não estamos mortos, mas podemos sentir que nos tornamos invisíveis. Nesses tempos, podemos nos sentir inúteis e nos perguntar se Deus nunca voltará a nos usar. Mas períodos como este são para nossa proteção e preparação. Quando for o momento certo e as condições forem seguras, Deus nos chamará mais uma vez ao serviço e à adoração.

Moisés passou por um período de tempo como este. Após matar um egípcio que feriu um hebreu, ele teve de lutar por sua vida fugindo para a distante terra dos midianitas (ÊXODO 2:11-22). Ali, Deus o protegeu e o preparou para a maior atribuição de sua vida (3:10).

Então, sinta-se encorajado. Nunca somos invisíveis para Deus.

JAL

Ninguém é invisível para Deus.

LEITURA DE HOJE: Êxodo 2:11-22

¹¹...sendo Moisés já homem, saiu a seus irmãos e viu os seus labores penosos; e viu que certo egípcio espancava um hebreu, um do seu povo. ¹²...e, vendo que não havia ali ninguém, matou o egípcio, e o escondeu na areia. ¹³Saiu no dia seguinte, e eis que dois hebreus estavam brigando; e disse ao culpado: Por que espancas o teu próximo? ¹⁴O qual respondeu: Quem te pôs por príncipe e juiz sobre nós? Pensas matar-me, como mataste o egípcio? Temeu, pois, Moisés e disse: Com certeza o descobriram. ¹⁵Informado desse caso, procurou Faraó matar a Moisés; porém Moisés fugiu da presença de Faraó e se deteve na terra de Midiã; e assentou-se junto a um poço. ¹⁶O sacerdote de Midiã tinha sete filhas, as quais vieram a tirar água e encheram os bebedouros para dar de beber ao rebanho de seu pai. ¹⁷Então, vieram os pastores e as enxotaram dali; Moisés, porém, se levantou, e as defendeu, e deu de beber ao rebanho. ¹⁸Tendo elas voltado a Reuel, seu pai, este lhes perguntou: Por que viestes, hoje, mais cedo? ¹⁹Responderam elas: Um egípcio nos livrou das mãos dos pastores, e ainda nos tirou água, e deu de beber ao rebanho. ²⁰E onde está ele?, disse às filhas; por que deixastes lá o homem? Chamai-o para que coma pão. ²¹Moisés consentiu em morar com aquele homem; e ele deu a Moisés sua filha Zípora, ²²a qual deu à luz um filho, a quem ele chamou Gérson, porque disse: Sou peregrino em terra estranha.

É só o começo

Não toque na cerca!

LEITURA: **Jeremias 18:1-12**

O Senhor [...] falou-lhes [...] porque se compadecera do seu povo...
2 Crônicas 36:15

Quando era menininha, fui com meus pais visitar minha bisavó, que vivia perto de uma fazenda. O quintal dela era cercado por uma cerca eletrificada, que impedia as vacas de pastarem em sua grama. Quando perguntei aos meus pais se eu poderia brincar lá fora, eles consentiram, mas explicaram que tocar a cerca resultaria em um choque elétrico.

Infelizmente, ignorei a advertência deles, pus um dedo no arame farpado e foi eletrocutada por uma corrente elétrica suficientemente forte para dar uma lição a uma vaca. Eu sabia que meus pais haviam me avisado porque me amavam e não queriam que eu me ferisse.

Quando o Senhor viu os israelitas em Jerusalém esculpindo e adorando ídolos, Deus lhes falou: "...porque se compadecera do seu povo..." (2 CRÔNICAS 36:15). Deus falou por intermédio do profeta Jeremias, mas o povo disse: "...andaremos consoante os nossos projetos..." (JEREMIAS 18:12). Por causa disso, Deus permitiu que Nabucodonosor destruísse Jerusalém e capturasse a maioria de seus habitantes.

Talvez, hoje, Deus o alerta sobre algum pecado em sua vida. Se assim for, sinta-se encorajado. Essa é a prova da Sua compaixão por nós (HEBREUS 12:5,6). Ele vê o que está adiante e quer que evitemos os problemas que virão.

JBS

**As advertências de Deus
são para nos proteger, não para nos punir.**

LEITURA DE HOJE: Jeremias 18:1-12

¹Palavra do Senhor que veio a Jeremias, dizendo: ²Dispõe-te, e desce à casa do oleiro, e lá ouvirás as minhas palavras. ³Desci à casa do oleiro, e eis que ele estava entregue à sua obra sobre as rodas. ⁴Como o vaso que o oleiro fazia de barro se lhe estragou na mão, tornou a fazer dele outro vaso, segundo bem lhe pareceu. ⁵Então, veio a mim a palavra do Senhor: ⁶Não poderei eu fazer de vós como fez este oleiro, ó casa de Israel? – diz o Senhor; eis que, como o barro na mão do oleiro, assim sois vós na minha mão, ó casa de Israel. ⁷No momento em que eu falar acerca de uma nação ou de um reino para o arrancar, derribar e destruir, ⁸se a tal nação se converter da maldade contra a qual eu falei, também eu me arrependerei do mal que pensava fazer-lhe. ⁹E, no momento em que eu falar acerca de uma nação ou de um reino, para o edificar e plantar, ¹⁰se ele fizer o que é mau perante mim e não der ouvidos à minha voz, então, me arrependerei do bem que houvera dito lhe faria. ¹¹Ora, pois, fala agora aos homens de Judá e aos moradores de Jerusalém, dizendo: Assim diz o Senhor: Eis que estou forjando mal e formo um plano contra vós outros; convertei-vos, pois, agora, cada um do seu mau proceder e emendai os vossos caminhos e as vossas ações. ¹²Mas eles dizem: Não há esperança, porque andaremos consoante os nossos projetos, e cada um fará segundo a dureza do seu coração maligno.

É só o começo

Seguro em Seus braços

LEITURA: **Isaías 66:5-13**

Como alguém a quem sua mãe consola, assim eu vos consolarei... Isaías 66:13

Sentei-me ao lado da cama de minha filha em uma sala de recuperação, após ela ter passado por uma cirurgia. Quando os seus olhos se entreabriram, ela sentiu-se desconfortável e começou a chorar. Tentei tranquilizá-la acariciando o seu braço, mas ela só ficou mais incomodada. Com a ajuda de uma enfermeira, tirei-a da cama e a segurei em meu colo. Enxuguei as lágrimas em seu rosto, lembrando-a de que logo iria sentir-se melhor.

Por meio do profeta Isaías, Deus disse aos israelitas: "Como alguém a quem sua mãe consola, assim eu vos consolarei..." (ISAÍAS 66:13). Deus prometeu conceder paz aos Seus filhos e levá-los como uma mãe leva o filho ao seu lado. Essa terna mensagem foi para as pessoas que tinham reverência por Deus, e que temiam a Sua palavra (v.5).

A capacidade e a vontade de Deus de consolar o Seu povo aparecem novamente na carta de Paulo aos cristãos de Corinto. Paulo disse que o Senhor é aquele "...que nos conforta em toda a nossa tribulação..." (2 CORÍNTIOS 1:3,4). Deus é bondoso e solidário conosco quando estamos em apuros.

Um dia, todo o sofrimento terá fim. Nossas lágrimas secarão permanentemente e estaremos seguros nos braços de Deus para sempre (APOCALIPSE 21:4). Até então, podemos depender do amor do Senhor para nos suster quando sofremos. JBS

Deus conforta o Seu povo.

LEITURA DE HOJE: **Isaías 66:5-13**

⁵Ouvi a palavra do Senhor, vós, os que a temeis: Vossos irmãos, que vos aborrecem e que para longe vos lançam por causa do vosso amor ao meu nome e que dizem: Mostre o Senhor a sua glória, para que vejamos a vossa alegria, esses serão confundidos. ⁶Voz de grande tumulto virá da cidade, voz do templo, voz do Senhor, que dá o pago aos seus inimigos. ⁷Antes que estivesse de parto, deu à luz; antes que lhe viessem as dores, nasceu-lhe um menino. ⁸Quem jamais ouviu tal coisa? Quem viu coisa semelhante? Pode, acaso, nascer uma terra num só dia? Ou nasce uma nação de uma só vez? Pois Sião, antes que lhe viessem as dores, deu à luz seus filhos. ⁹Acaso, farei eu abrir a madre e não farei nascer? – diz o Senhor; acaso, eu que faço nascer fecharei a madre? – diz o teu Deus. ¹⁰Regozijai-vos juntamente com Jerusalém e alegrai-vos por ela, vós todos os que a amais; exultai com ela, todos os que por ela pranteastes, ¹¹para que mameis e vos farteis dos peitos das suas consolações; para que sugueis e vos deleiteis com a abundância da sua glória. ¹²Porque assim diz o Senhor: Eis que estenderei sobre ela a paz como um rio, e a glória das nações, como uma torrente que transborda; então, mamareis, nos braços vos trarão e sobre os joelhos vos acalentarão. ¹³Como alguém a quem sua mãe consola, assim eu vos consolarei; e em Jerusalém vós sereis consolados.

É só o começo

Levando os nossos amigos a Jesus

LEITURA: **Marcos 2:1-12**

Vendo-lhes a fé, Jesus disse [...]: Filho, os teus pecados estão perdoados.
Marcos 2:5

Durante a minha infância, uma das doenças mais temidas era a poliomielite, ou "paralisia infantil" porque a maioria dos infectados eram crianças. Antes da vacina ser desenvolvida em meados de 1950, a cada ano, somente nos EUA, cerca de 20 mil pessoas ficavam paralíticas e mil delas morriam.

Na antiguidade, a paralisia era vista como uma condição permanente, sem esperança. Mas um grupo de homens creu que Jesus poderia ajudar seu amigo paralítico. Enquanto Jesus ensinava na aldeia de Cafarnaum, quatro homens levaram o amigo deles até o Senhor. Quando não conseguiram aproximar-se de Jesus, por causa da multidão, "...removeram parte da cobertura do lugar onde Jesus estava e, pela abertura no teto, baixaram a maca em que estava deitado o paralítico" (MARCOS 2:1-4 NVI).

"Vendo-lhes a fé, Jesus disse ao paralítico: Filho, os teus pecados estão perdoados" (v.5), seguido por "...Levanta-te, toma o teu leito e vai para tua casa" (v.11). Quão notável é que, em resposta à fé dos que levaram o amigo, Jesus perdoou os pecados desse homem e curou sua doença até então, incurável!

Quando alguém que conhecemos enfrenta sérias dificuldades físicas ou uma crise espiritual, é nosso o privilégio de nos unirmos em oração, levando os nossos amigos à presença de Jesus — o Único que pode satisfazer as mais profundas necessidades deles. ❧

DCM

***Orar pelos outros é um privilégio
— e uma responsabilidade.***

LEITURA DE HOJE: Marcos 2:1-12

¹Dias depois, entrou Jesus de novo em Cafarnaum, e logo correu que ele estava em casa. ²Muitos afluíram para ali, tantos que nem mesmo junto à porta eles achavam lugar; e anunciava-lhes a palavra. ³Alguns foram ter com ele, conduzindo um paralítico, levado por quatro homens. ⁴E, não podendo aproximar-se dele, por causa da multidão, descobriram o eirado no ponto correspondente ao em que ele estava e, fazendo uma abertura, baixaram o leito em que jazia o doente. ⁵Vendo-lhes a fé, Jesus disse ao paralítico: Filho, os teus pecados estão perdoados. ⁶Mas alguns dos escribas estavam assentados ali e arrazoavam em seu coração: ⁷Por que fala ele deste modo? Isto é blasfêmia! Quem pode perdoar pecados, senão um, que é Deus? ⁸E Jesus, percebendo logo por seu espírito que eles assim arrazoavam, disse-lhes: Por que arrazoais sobre estas coisas em vosso coração? ⁹Qual é mais fácil? Dizer ao paralítico: Estão perdoados os teus pecados, ou dizer: Levanta-te, toma o teu leito e anda? ¹⁰Ora, para que saibais que o Filho do Homem tem sobre a terra autoridade para perdoar pecados – disse ao paralítico: ¹¹Eu te mando: Levanta-te, toma o teu leito e vai para tua casa. ¹²Então, ele se levantou e, no mesmo instante, tomando o leito, retirou-se à vista de todos, a ponto de se admirarem todos e darem glória a Deus, dizendo: Jamais vimos coisa assim!

É só o começo

Quem somos

LEITURA: **Salmo 100**

...sois [...] povo de propriedade exclusiva de Deus, a fim de proclamardes as virtudes daquele que vos chamou das trevas para a sua maravilhosa luz. 1 Pedro 2:9

Na **biografia de** Corrie ten Boom, a autora descreve os horríveis tempos em que ela e sua irmã Betsie estiveram num campo de concentração nazista, no início dos anos 1940. Em certa ocasião, elas foram obrigadas a tirar a roupa durante uma inspeção. Corrie ficou na fila sentindo-se maculada e abandonada. De repente, lembrou-se de que Jesus fora pendurado nu sobre a cruz. Tomada por admiração e adoração, Corrie sussurrou à irmã: "Betsie, eles tiraram as roupas de Jesus também." Betsie engasgou e disse: "Ah, Corrie... e eu nunca agradeci [ao Senhor]", (*O refúgio secreto*, Publicações Pão Diário, 2016).

É fácil sermos ingratos num mundo cheio de problemas, lutas e aflições. Seja o dia que for, podemos encontrar muitos motivos para reclamar. Todavia, o Salmo 100 exorta o povo de Deus a ser feliz, alegre e grato porque "...foi ele quem nos fez, e dele somos; somos o seu povo e rebanho do seu pastoreio" (v.3). Ao nos lembrarmos de quem somos, podemos reagir com gratidão, porque, mesmo no pior dos tempos, podemos nos lembrar do amor e do sacrifício de Cristo por nós.

Não permita que a brutalidade do mundo torne o seu coração ingrato. Lembre-se de que você é filho de Deus, e Ele lhe demonstrou a Sua bondade e misericórdia por meio de Sua obra na cruz. Agradeça o Senhor por Seu amor, Sua misericórdia e Seu sacrifício.

AL

O louvor surge naturalmente quando você conta as suas bênçãos.

LEITURA DE HOJE: **Salmo 100**

¹Celebrai com júbilo ao Senhor, todas as terras. ²Servi ao Senhor com alegria, apresentai-vos diante dele com cântico. ³Sabei que o Senhor é Deus; foi ele quem nos fez, e dele somos; somos o seu povo e rebanho do seu pastoreio. ⁴Entrai por suas portas com ações de graças e nos seus átrios, com hinos de louvor; rendei-lhe graças e bendizei-lhe o nome. ⁵Porque o Senhor é bom, a sua misericórdia dura para sempre, e, de geração em geração, a sua fidelidade.

Vendo a nós mesmos

LEITURA: **1 Coríntios 11:23,34**

Examine-se, pois, o homem a si mesmo... 1 Coríntios 11:28

Antes da invenção dos espelhos, as pessoas não se viam a si mesmas. As poças de água, riachos e rios eram algumas das poucas maneiras que podiam ver o seu próprio reflexo. Mas os espelhos mudaram isso. A invenção das câmeras levou o fascínio pela aparência a um nível totalmente novo. Agora temos imagens duradouras de nós mesmos, de qualquer dado momento de nossa vida. Isso é bom para fazer álbuns e preservar histórias de família, mas pode ser prejudicial ao nosso bem-estar espiritual. A diversão de nos vermos na câmera pode manter-nos focados na aparência externa e pouco interessados em examinar o nosso interior.

O autoexame é crucial para a vida espiritual saudável. Deus quer que nos vejamos, para que possamos ser poupados das consequências de escolhas pecaminosas. Isto é tão importante que as Escrituras dizem que não devemos participar da Ceia do Senhor sem antes nos examinarmos a nós mesmos (1 CORÍNTIOS 11:28). O objetivo desse autoexame não é apenas acertar-se com Deus, mas também certificar-se de estarmos acertados entre nós. A Ceia do Senhor é uma lembrança do corpo de Cristo, e não podemos celebrá-la adequadamente se não estivermos vivendo em harmonia com outros cristãos.

Reconhecer e confessar o nosso pecado promove a unidade com os outros e um relacionamento saudável com Deus. ❂ JAL

Quando olhamos no espelho da Palavra de Deus nos enxergamos com maior clareza.

LEITURA DE HOJE: **1 Coríntios 11:23,34**

²³Porque eu recebi do Senhor o que também vos entreguei: que o Senhor Jesus, na noite em que foi traído, tomou o pão; ²⁴e, tendo dado graças, o partiu e disse: Isto é o meu corpo, que é dado por vós; fazei isto em memória de mim. ²⁵Por semelhante modo, depois de haver ceado, tomou também o cálice, dizendo: Este cálice é a nova aliança no meu sangue; fazei isto, todas as vezes que o beberdes, em memória de mim. ²⁶Porque, todas as vezes que comerdes este pão e beberdes o cálice, anunciais a morte do Senhor, até que ele venha. ²⁷Por isso, aquele que comer o pão ou beber o cálice do Senhor, indignamente, será réu do corpo e do sangue do Senhor. ²⁸Examine-se, pois, o homem a si mesmo, e, assim, coma do pão, e beba do cálice; ²⁹pois quem come e bebe sem discernir o corpo, come e bebe juízo para si. ³⁰Eis a razão por que há entre vós muitos fracos e doentes e não poucos que dormem. ³¹Porque, se nos julgássemos a nós mesmos, não seríamos julgados. ³²Mas, quando julgados, somos disciplinados pelo Senhor, para não sermos condenados com o mundo. ³³Assim, pois, irmãos meus, quando vos reunis para comer, esperai uns pelos outros. ³⁴Se alguém tem fome, coma em casa, a fim de não vos reunirdes para juízo. Quanto às demais coisas, eu as ordenarei quando for ter convosco.

É só o começo

Praia de vidro

LEITURA: **1 Tessalonicenses 5:23,24**

Eles serão para mim particular tesouro, naquele dia que prepararei, diz o SENHOR dos Exércitos; poupá-los-ei... Malaquias 3:17

No início do século 20, os moradores de certa localidade no sul dos Estados Unidos jogavam o seu lixo sobre uma colina que se debruçava sobre uma praia próxima. Latas, garrafas, louças e lixo doméstico se acumulavam em enormes montes nojentos. Mesmo quando os moradores pararam de despejar o lixo na praia, ela continuou sendo uma vergonha — um lixão aparentemente impossível de recuperação.

Ao longo dos anos, porém, a ação das ondas quebrou o vidro e as louças, e levou o lixo mar adentro. A arrebentação das ondas levou os fragmentos de vidro na areia do oceano, tirando o brilho e alisando a superfície, e criando "vidro do mar" semelhante a pedras preciosas — e depois os devolveu à praia. A maré criou uma beleza caleidoscópica que encanta os visitantes de *Glass Beach* [Praia de Vidro, em inglês].

Talvez você se sinta como se a sua vida tivesse se tornado um lixão — sem esperança de recuperação. Se assim for, saiba que existe alguém que o ama e espera por redimi-lo e recuperá-lo. Entregue o seu coração a Jesus e peça-lhe que Ele o purifique e limpe. O Senhor o transformará se você o permitir, e desbastará, a Seu tempo, as áreas de sua vida que tiverem arestas pontiagudas. Entretanto, o Senhor pode usar qualquer situação para a Sua glória e para o nosso bem. Ele nunca desistirá de você. Ele o transformará em uma das Suas joias preciosas!

DHR

*Deus nos ama demais
para nos deixar permanecer como somos.*

LEITURA DE HOJE: **1 Tessalonicenses 5:23,24**

²³O mesmo Deus da paz vos santifique em tudo; e o vosso espírito, alma e corpo sejam conservados íntegros e irrepreensíveis na vinda de nosso Senhor Jesus Cristo. ²⁴Fiel é o que vos chama, o qual também o fará.

Como atirar em uma mosca

LEITURA: **2 Coríntios 4:1-6**

...o amor de Cristo nos constrange, julgando nós isto: um morreu por todos; logo, todos morreram. 2 Coríntios 5:14

A habilidade de Macarena Valdes em mapeamento de minas subterrâneas fez a verdadeira diferença no resgate dos 33 mineiros chilenos presos após uma explosão, em outubro de 2010. Perfurar para encontrar o local exato onde os homens estavam era como "tentar acertar uma mosca a 700 metros de distância", disse ela. Com sua experiência em mineração, Macarena foi capaz de orientar a sonda para onde os mineiros estavam soterrados, o que ajudou no dramático resgate.

Em esforços para realizar resgates espirituais, é fácil ficar desanimado. Mesmo enfrentando obstáculos até maiores, o apóstolo Paulo disse: "...não desfalecemos" (2 CORÍNTIOS 4:1). Apesar de "...o deus deste século..." ter "...[cegado] o entendimento dos incrédulos, para que lhes não resplandeça a luz do evangelho...", ele continuou a proclamar o evangelho da salvação (v.4,5). Compelido por Deus, que amorosamente lançou luz em suas próprias trevas (v.6), Paulo sabia que o Senhor poderia fazer pelos outros o que tinha feito por ele.

Você e eu podemos ter história semelhante. Compelidos pelo amor de Deus, também temos motivo para não perder o ânimo. Como Macarena liderou o resgate dos mineiros, o Espírito de Deus pode nos usar para levar a luz do Seu amor e a Palavra de Deus ao coração daqueles que necessitam de um resgate, e que ainda não conseguem compreender. CPH

*Quando você é resgatado,
deseja resgatar outros.*

LEITURA DE HOJE: **2 Coríntios 4:1-6**

¹Pelo que, tendo este ministério, segundo a misericórdia que nos foi feita, não desfalecemos; ²pelo contrário, rejeitamos as coisas que, por vergonhosas, se ocultam, não andando com astúcia, nem adulterando a palavra de Deus; antes, nos recomendamos à consciência de todo homem, na presença de Deus, pela manifestação da verdade. ³Mas, se o nosso evangelho ainda está encoberto, é para os que se perdem que está encoberto, ⁴nos quais o deus deste século cegou o entendimento dos incrédulos, para que lhes não resplandeça a luz do evangelho da glória de Cristo, o qual é a imagem de Deus. ⁵Porque não nos pregamos a nós mesmos, mas a Cristo Jesus como Senhor e a nós mesmos como vossos servos, por amor de Jesus. ⁶Porque Deus, que disse: Das trevas resplandecerá a luz, ele mesmo resplandeceu em nosso coração, para iluminação do conhecimento da glória de Deus, na face de Cristo.

Convite ao descanso

LEITURA: **Apocalipse 21:1-5**

...eu vos aliviarei. Mateus 11:28

Na cabeceira de um amigo na ala de emergência do hospital, fiquei comovido com os sons de sofrimento que ouvi de outros pacientes que gemiam de dor. Enquanto orava por meu amigo e por outros enfermos, percebi novamente quão fugaz é a nossa vida nesta Terra. E lembrei-me de uma velha canção sertaneja, que fala que o mundo não é o nosso lar — estamos "apenas de passagem".

Nosso mundo está repleto de cansaço, dor, fome, dívida, pobreza, doença e morte. Por termos de passar por um mundo assim, o convite de Jesus é bem-vindo e oportuno: "Vinde a mim, todos os que estais cansados e sobrecarregados, e eu vos aliviarei" (MATEUS 11:28). Precisamos deste descanso.

Em quase todas as cerimônias fúnebres que já assisti, ouço sobre a visão de João de um "...novo céu e nova terra..." (APOCALIPSE 21:1-5). Certamente esta é uma palavra relevante e de conforto nos funerais.

Mas creio que a passagem é mais para os vivos do que para os mortos. O tempo de atender ao convite de Jesus para encontrar descanso nele é agora, enquanto ainda estamos vivos. Só então teremos direito às promessas descritas no livro de Apocalipse: Deus habitará entre nós, e enxugará as nossas lágrimas. "...[A] morte já não existirá, já não haverá luto, nem pranto, nem dor..." (vv. 3,4).

Aceite o convite de Jesus e desfrute o descanso que Ele oferece!

LD

Se você estiver cansado das lutas da vida, descanse no Senhor.

LEITURA DE HOJE: **Apocalipse 21:1-5**

²⁰visto que ninguém será justificado diante dele por obras da lei, em razão de que pela lei vem o pleno conhecimento do pecado. ²¹Mas agora, sem lei, se manifestou a justiça de Deus testemunhada pela lei e pelos profetas; ²²justiça de Deus mediante a fé em Jesus Cristo, para todos [e sobre todos] os que creem; porque não há distinção, ²³pois todos pecaram e carecem da glória de Deus, ²⁴sendo justificados gratuitamente, por sua graça, mediante a redenção que há em Cristo Jesus, ²⁵a quem Deus propôs, no seu sangue, como propiciação, mediante a fé, para manifestar a sua justiça, por ter Deus, na sua tolerância, deixado impunes os pecados anteriormente cometidos; ²⁶tendo em vista a manifestação da sua justiça no tempo presente, para ele mesmo ser justo e o justificador daquele que tem fé em Jesus.

O hábito da preocupação

LEITURA: **Mateus 6:25-34**

...não andeis ansiosos pela vossa vida... Mateus 6:25

É difícil viver sem certo grau de ansiedade e preocupação, não é mesmo? Preocupamo-nos com tudo: casamento, filhos, contas, emprego, dinheiro, peso, saúde, se vamos casar ou não e até com as rugas que aparecem no rosto e no pescoço.

A preocupação, li em algum lugar, é um ato de meditação. Ao nos preocuparmos, colocamos a nossa atenção e energia nos problemas e não no Senhor. Mantemos nossa mente e "conversa interior" nas dificuldades, e elas se tornam maiores do que na verdade são. Maiores do que as promessas do Senhor e até maiores do que o próprio Mestre.

Como quebrar este hábito de meditar negativamente? Uma pequena dica é: confronte cada problema com as promessas bíblicas e com o caráter do nosso bom e generoso Deus. A Bíblia nos diz que Abraão conseguiu manter uma atitude positiva, mesmo diante de grandes obstáculos: "E, sem enfraquecer na fé, embora levasse em conta o seu próprio corpo amortecido, sendo já de cem anos, e a idade avançada de Sara, não duvidou, por incredulidade, da promessa de Deus; mas, pela fé, se fortaleceu, dando glória a Deus" (ROMANOS 4:19,20).

E o Senhor Jesus disse que por mais ansioso que alguém esteja, não poderá acrescentar um simples segundo ao curso de sua vida. Medite nas Escrituras e memorize-as para quebrar e vencer este mau hábito que nos impede de descansar no Senhor. "Portanto, não vos inquieteis com o dia de amanhã..." (6:34). JPS

Senhor, ajuda-me a confiar em Tua Palavra e em Teu caráter bondoso.

LEITURA DE HOJE: Mateus 6:25-34

²⁵Por isso, vos digo: não andeis ansiosos pela vossa vida, quanto ao que haveis de comer ou beber; nem pelo vosso corpo, quanto ao que haveis de vestir. Não é a vida mais do que o alimento, e o corpo, mais do que as vestes? ²⁶Observai as aves do céu: não semeiam, não colhem, nem ajuntam em celeiros; contudo, vosso Pai celeste as sustenta. Porventura, não valeis vós muito mais do que as aves? ²⁷Qual de vós, por ansioso que esteja, pode acrescentar um côvado ao curso da sua vida? ²⁸E por que andais ansiosos quanto ao vestuário? Considerai como crescem os lírios do campo: eles não trabalham, nem fiam. ²⁹Eu, contudo, vos afirmo que nem Salomão, em toda a sua glória, se vestiu como qualquer deles. ³⁰Ora, se Deus veste assim a erva do campo, que hoje existe e amanhã é lançada no forno, quanto mais a vós outros, homens de pequena fé? ³¹Portanto, não vos inquieteis, dizendo: Que comeremos? Que beberemos? Ou: Com que nos vestiremos? ³²Porque os gentios é que procuram todas estas coisas; pois vosso Pai celeste sabe que necessitais de todas elas; ³³buscai, pois, em primeiro lugar, o seu reino e a sua justiça, e todas estas coisas vos serão acrescentadas. ³⁴Portanto, não vos inquieteis com o dia de amanhã, pois o amanhã trará os seus cuidados; basta ao dia o seu próprio mal.

Quem é aquele herói?

LEITURA: **Juízes 3:7-11**

Assim brilhe também a vossa luz diante dos homens, para que vejam as vossas boas obras e glorifiquem a vosso Pai que está nos céus. Mateus 5:16

Ler o livro de Juízes, com suas batalhas e poderosos guerreiros, pode algumas vezes nos parecer como a leitura de uma história de super-heróis em quadrinhos. Temos Débora, Baraque, Gideão e Sansão. No entanto, na linha dos juízes (ou libertadores), encontramos também Otniel.

O relato de sua vida é breve e direto (JUÍZES 3:7-11). Sem drama. Nenhuma exibição de bravura. Mas ali, o que vemos é o que Deus fez por intermédio de Otniel: "...o Senhor lhes suscitou libertador..." (v.9), "Veio sobre ele o Espírito do Senhor..." (v.10), e "...o Senhor lhe entregou nas mãos a Cusã-Risataim, rei da Mesopotâmia..." (v.10).

O relato de Otniel nos ajuda a atentar para o que é mais importante — a atividade de Deus. As histórias interessantes e as pessoas fascinantes podem ocultar isso. Acabamos nos concentrando nisso e não conseguimos ver o que o Senhor está realizando.

Quando eu era mais jovem, desejava ser mais talentosa para que eu pudesse levar mais pessoas a Jesus Cristo. Mas, com certeza, a minha perspectiva não era a certa. Deus frequentemente usa as pessoas comuns para realizar a Sua obra extraordinária. É a Sua luz brilhando por meio de nossa vida que glorifica a Deus e atrai outros para Ele (MATEUS 5:16).

Quando os outros olham para a nossa vida, é mais importante que vejam Deus refletido nela, não nós.

PFC

A nossa limitada habilidade realça o poder ilimitado de Deus.

LEITURA DE HOJE: **Juízes 3:7-11**

⁷Os filhos de Israel fizeram o que era mau perante o Senhor e se esqueceram do Senhor, seu Deus; e renderam culto aos baalins e ao poste-ídolo. ⁸Então, a ira do Senhor se acendeu contra Israel, e ele os entregou nas mãos de Cusã-Risataim, rei da Mesopotâmia; e os filhos de Israel serviram a Cusã-Risataim oito anos. ⁹Clamaram ao Senhor os filhos de Israel, e o Senhor lhes suscitou libertador, que os libertou: Otniel, filho de Quenaz, que era irmão de Calebe e mais novo do que ele. ¹⁰Veio sobre ele o Espírito do Senhor, e ele julgou a Israel; saiu à peleja, e o Senhor lhe entregou nas mãos a Cusã-Risataim, rei da Mesopotâmia, contra o qual ele prevaleceu. ¹¹Então, a terra ficou em paz durante quarenta anos. Otniel, filho de Quenaz, faleceu.

Sem intenção

LEITURA: **Levítico 4:1-3; Romanos 3:21-26**

...Quando alguém pecar por ignorância [...] oferecerá pelo seu pecado um novilho sem defeito ao SENHOR... Levítico 4:2-3

Certa vez, enquanto eu levava o nosso neto Alex de volta para a sua casa após uma visita, o tráfego parecia especialmente complicado. Os carros sendo manobrados rapidamente me impediram de tomar a pista correta para o pedágio, o que me forçou a ir por uma pista onde apenas carros com o pedágio pago previamente eram permitidos, e esse não era o meu caso. Alex me disse que a placa do carro seria fotografada e talvez eu recebesse uma multa. Fiquei frustrado porque uma penalidade teria que ser paga ainda que minha infração tivesse sido involuntária.

Para os judeus da antiguidade, uma violação das leis de Deus cometida mesmo na ignorância era levada muito a sério. O Antigo Testamento reconheceu e providenciou algo para os pecados não intencionais por meio de sacrifícios apropriados: "...Quando alguém pecar por ignorância [...] oferecerá pelo seu pecado um novilho sem defeito ao SENHOR..." (LEVÍTICO 4:2,3).

Os sacrifícios do Antigo Testamento eram mais do que um lembrete de que os erros acidentais têm consequências. Eles eram oferecidos na esperança de que Deus em Sua graça trouxesse a propiciação até mesmo pelos erros que nós não percebíamos que estávamos fazendo. Ele fez isso por meio da morte de Jesus em nosso lugar. A graça de Deus é muito maior do que jamais poderíamos imaginar! HDF

Graça significa receber o que não merecemos.
Misericórdia é não receber o que merecemos.

LEITURA DE HOJE: **Levítico 4:1-3; Romanos 3:21-26**

¹Disse mais o Senhor a Moisés: ²Fala aos filhos de Israel, dizendo: Quando alguém pecar por ignorância contra qualquer dos mandamentos do Senhor, por fazer contra algum deles o que não se deve fazer, ³se o sacerdote ungido pecar para escândalo do povo, oferecerá pelo seu pecado um novilho sem defeito ao Senhor, como oferta pelo pecado.

Romanos 3:21-26

²¹Mas agora, sem lei, se manifestou a justiça de Deus testemunhada pela lei e pelos profetas; ²²justiça de Deus mediante a fé em Jesus Cristo, para todos [e sobre todos] os que creem; porque não há distinção, ²³pois todos pecaram e carecem da glória de Deus, ²⁴sendo justificados gratuitamente, por sua graça, mediante a redenção que há em Cristo Jesus, ²⁵a quem Deus propôs, no seu sangue, como propiciação, mediante a fé, para manifestar a sua justiça, por ter Deus, na sua tolerância, deixado impunes os pecados anteriormente cometidos; ²⁶tendo em vista a manifestação da sua justiça no tempo presente, para ele mesmo ser justo e o justificador daquele que tem fé em Jesus.

Amor ilimitado

LEITURA: **Salmo 36**

**A tua benignidade, SENHOR...,
chega até aos céus, até às nuvens,
a tua fidelidade.** Salmo 36:5

Recentemente, um amigo me enviou a história de um hino que eu frequentemente ouvia na igreja quando era menino:
*Se o mar em tinta se tornar/ E em papel o céu também,
E a pena então sempre a correr/ O amor de Deus a descrever,
O descrever tão grande amor/ Ao mar daria o fim,
Mas onde pois, está o livro/ Em que escrever tal amor?*

Estas palavras de um antigo poema judeu foram encontradas escritas na parede do quarto de um paciente num hospital para doentes mentais.

Frederick M. Lehman sentiu-se tão tocado pelas palavras do poema que desejou expandi-lo. Em 1917, sentado em uma caixa de limões durante seu horário de almoço num dia de trabalho, ele acrescentou as primeiras estrofes e o refrão, completando o hino *O Amor de Deus* (MV 150).

O salmista descreve a segurança consoladora do amor de Deus no Salmo 36: "A tua benignidade, SENHOR [...], chega até aos céus, até às nuvens, a tua fidelidade" (v.5). Independentemente das circunstâncias da vida — seja num momento de sanidade numa mente geralmente desnorteada pela confusão ou durante um difícil período de provação — o amor de Deus é um farol de esperança, nossa fonte sempre presente e inesgotável de força e confiança. ● JMS

Você é amado com amor eterno.

LEITURA DE HOJE: **Salmo 36**

¹Há no coração do ímpio a voz da transgressão; não há temor de Deus diante de seus olhos. ²Porque a transgressão o lisonjeia a seus olhos e lhe diz que a sua iniquidade não há de ser descoberta, nem detestada. ³As palavras de sua boca são malícia e dolo; abjurou o discernimento e a prática do bem. ⁴No seu leito, maquina a perversidade, detém-se em caminho que não é bom, não se despega do mal. ⁵A tua benignidade, SENHOR, chega até aos céus, até às nuvens, a tua fidelidade. ⁶A tua justiça é como as montanhas de Deus; os teus juízos, como um abismo profundo. Tu, SENHOR, preservas os homens e os animais. ⁷Como é preciosa, ó Deus, a tua benignidade! Por isso, os filhos dos homens se acolhem à sombra das tuas asas. ⁸Fartam-se da abundância da tua casa, e na torrente das tuas delícias lhes dás de beber. ⁹Pois em ti está o manancial da vida; na tua luz, vemos a luz. ¹⁰Continua a tua benignidade aos que te conhecem, e a tua justiça, aos retos de coração. ¹¹Não me calque o pé da insolência, nem me repila a mão dos ímpios. ¹²Tombaram os obreiros da iniquidade; estão derruídos e já não podem levantar-se.

Você tem um amigo

LEITURA: **Salmo 23**

[Jesus disse] "...tenho-vos chamado amigos..."
João 15:15

Uma das consequências irônicas do extenso crescimento da mídia social é que frequentemente acabamos ficando pessoalmente mais isolados. Um artigo on-line alerta: "Aqueles que se opõem a uma vida guiada primária ou exclusivamente on-line alegam que os amigos virtuais não são substitutos adequados para os amigos do mundo real e que [...] as pessoas que substituem os amigos reais pelos amigos virtuais tornam-se ainda mais solitárias e depressivas do que eram."

Deixando a tecnologia de lado, todos nós lutamos com temporadas de solidão, nos questionando se alguém sabe, compreende ou se importa com os fardos que carregamos ou com as lutas que enfrentamos. Mas os seguidores de Cristo têm uma certeza que traz consolo aos nossos corações cansados. A presença confortante do Salvador é prometida em palavras que não podem ser negadas, pois o salmista Davi escreveu: "Ainda que eu ande pelo vale da sombra da morte, não temerei mal nenhum, porque tu estás comigo; o teu bordão e o teu cajado me consolam" (SALMO 23:4).

Quer estejamos isolados por nossas próprias escolhas, pelas tendências culturais que nos cercam ou pelas dolorosas perdas da vida, todos os que conhecem Jesus Cristo podem descansar na presença do Pastor de nossos corações. Em Jesus amigo temos! ❀

WEC

**Aqueles que conhecem
Jesus como amigo pessoal nunca estão sozinhos.**

LEITURA DE HOJE: **Salmo 23**

¹O Senhor é o meu pastor; nada me faltará. ²Ele me faz repousar em pastos verdejantes. Leva-me para junto das águas de descanso; ³refrigera-me a alma. Guia-me pelas veredas da justiça por amor do seu nome. ⁴Ainda que eu ande pelo vale da sombra da morte, não temerei mal nenhum, porque tu estás comigo; o teu bordão e o teu cajado me consolam. ⁵Preparas-me uma mesa na presença dos meus adversários, unges-me a cabeça com óleo; o meu cálice transborda. ⁶Bondade e misericórdia certamente me seguirão todos os dias da minha vida; e habitarei na Casa do Senhor para todo o sempre.

Superando-nos

LEITURA: **2 Coríntios 3:7-18**

E todos nós [...] contemplando, como por espelho, a glória do Senhor, somos transformados... 2 Coríntios 3:18

Tenho um daqueles amigos que parece ser melhor do que eu praticamente em tudo. Ele é mais inteligente, pensa mais analiticamente e sabe onde encontrar os melhores livros para ler. Ele até joga golfe melhor do que eu. Investir meu tempo com ele me desafia a tornar-me uma pessoa melhor, mais atenta. Seu padrão de excelência me estimula a lutar por algo mais elevado.

Isso demonstra um princípio espiritual: é importante que invistamos tempo na Palavra de Deus para nos conectarmos à pessoa de Cristo. Ler sobre o impacto do amor incondicional de Jesus por nós me compele a amar sem exigências. A Sua misericórdia e a Sua livre distribuição da graça àquele que menos merece deixa-me envergonhado de minha tendência a reter o perdão e buscar a vingança.

Percebo que estou me tornando uma pessoa mais grata quando noto que, apesar de minha ruína vergonhosa, o Senhor revestiu-me da beleza de Sua perfeita justiça. Os Seus incríveis caminhos e a Sua sabedoria são incomparáveis, ambos me motivam e me transformam. É difícil me contentar com a minha vida como ela é quando, em Sua presença, sou atraído à ideia de tornar-me mais semelhante a Ele.

O apóstolo Paulo nos convoca para nos alegrarmos ao contemplar Cristo. Quando agimos assim, somos "...transformados, de glória em glória, na sua própria imagem..." (2 CORÍNTIOS 3:18). Peçamos a Deus que nos ajude a permanecermos em Sua presença. ✣

JMS

Aproxime-se de Deus, verdadeiramente.

LEITURA DE HOJE: 2 Coríntios 3:7-18

⁷E, se o ministério da morte, [...] se revestiu de glória, a ponto de os filhos de Israel não poderem fitar a face de Moisés, por causa da glória do seu rosto, ainda que desvanecente, ⁸como não será de maior glória o ministério do Espírito! ⁹Porque, se o ministério da condenação foi glória, em muito maior proporção será glorioso o ministério da justiça. ¹⁰Porquanto, na verdade, o que, outrora, foi glorificado, neste respeito, já não resplandece, diante da atual sobre excelente glória. ¹¹Porque, se o que se desvanecia teve sua glória, muito mais glória tem o que é permanente. ¹²Tendo, pois, tal esperança, servimo-nos de muita ousadia no falar. ¹³E não somos como Moisés, que punha véu sobre a face, para que os filhos de Israel não atentassem na terminação do que se desvanecia. ¹⁴Mas os sentidos deles se embotaram. Pois até ao dia de hoje, quando fazem a leitura da antiga aliança, o mesmo véu permanece, não lhes sendo revelado que, em Cristo, é removido. ¹⁵Mas até hoje, quando é lido Moisés, o véu está posto sobre o coração deles. ¹⁶Quando, porém, algum deles se converte ao Senhor, o véu lhe é retirado. ¹⁷Ora, o Senhor é o Espírito; e, onde está o Espírito do Senhor, aí há liberdade. ¹⁸E todos nós, com o rosto desvendado, contemplando, como por espelho, a glória do Senhor, somos transformados, de glória em glória, na sua própria imagem, como pelo Senhor, o Espírito.

"Deus é poderoso!"

LEITURA: **Salmo 29**

Tributai ao SENHOR, filhos de Deus, tributai ao SENHOR glória devida ao seu nome... Salmo 29:2

Certo dia, minha neta Kátia, de 3 anos, surpreendeu seus pais com certa habilidade "ou astúcia" teológica. Ela lhes disse: "Você dois tinham irmãs que morreram. Então Deus as levou para o céu para estarem com Ele. Deus é poderoso!"

O imenso poder de Deus é um mistério, entretanto é simples o suficiente para que uma criança entenda. Em seu jeito infantil de pensar, Kátia sabia que para Deus fazer algo tão miraculoso, significaria que Ele é poderoso. Sem entender os detalhes, reconhecia que Deus fez algo maravilhoso ao levar suas duas tias para o céu.

Com que frequência deixamos de nos envolver com o nosso mundo mais sofisticado para nos maravilharmos com a ideia de que Deus é tão poderoso? Provavelmente não o suficiente. Não podemos compreender como Deus trouxe os mundos à existência com Sua voz (JÓ 38-39; SALMO 33:9; HEBREUS 11:3), nem podemos compreender como Ele mantém o controle destes mundos (NEEMIAS 9:6). Não conseguimos compreender como Ele planejou e cumpriu a encarnação de Jesus, e também não podemos entender como Ele pôde fazer o sacrifício de Cristo ser suficiente para a nossa salvação. Mas sabemos que estas coisas são verdadeiras.

O poder de Deus é imensurável, porém é claro o suficiente para que o entendamos. E, portanto, é mais uma razão para que o louvemos e exaltemos por tudo o que Ele fez. ✤   JDB

Tudo o que Deus faz está marcado com simplicidade e poder. TERTULIANO

LEITURA DE HOJE: Salmo 29

¹Tributai ao Senhor, filhos de Deus, tributai ao Senhor glória e força. ²Tributai ao Senhor a glória devida ao seu nome, adorai o Senhor na beleza da santidade. ³Ouve-se a voz do Senhor sobre as águas; troveja o Deus da glória; o Senhor está sobre as muitas águas. ⁴A voz do Senhor é poderosa; a voz do Senhor é cheia de majestade. ⁵A voz do Senhor quebra os cedros; sim, o Senhor despedaça os cedros do Líbano. ⁶Ele os faz saltar como um bezerro; o Líbano e o Siriom, como bois selvagens. ⁷A voz do Senhor despede chamas de fogo. ⁸A voz do Senhor faz tremer o deserto; o Senhor faz tremer o deserto de Cades. ⁹A voz do Senhor faz dar cria às corças e desnuda os bosques; e no seu templo tudo diz: Glória! ¹⁰O Senhor preside aos dilúvios; como rei, o Senhor presidirá para sempre. ¹¹O Senhor dá força ao seu povo, o Senhor abençoa com paz ao seu povo.

Estou vivo

LEITURA: **Efésios 2:1-10**

Ele vos deu vida, estando vós mortos nos vossos delitos e pecados.
Efésios 2:1

Laura Brooks, 52 anos, mãe de dois filhos, não sabia, mas era uma entre 14 mil pessoas em 2011 cujo nome entrou no banco de dados do governo declarando-a morta. Ela se questionou sobre o que havia de errado quando deixou de receber os seus cheques de benefício social e quando os seus pagamentos de empréstimos e cheques de aluguel voltaram como sendo sem fundo. Ela foi ao banco para resolver a questão, mas o funcionário lhe disse que as suas contas haviam sido fechadas porque ela estava morta! Obviamente eles estavam equivocados.

O apóstolo Paulo não estava equivocado quando disse que os cristãos de Éfeso estavam, de certa forma, mortos — espiritualmente. Estavam mortos no sentido de estar separados do Senhor, escravizados pelo pecado (EFÉSIOS 2:5), e condenados sob a ira de Deus. Que estado de desesperança!

No entanto, Deus, em Sua bondade, tomou uma atitude para reverter esta condição para eles e para nós. O Deus vivo "...que vivifica os mortos..." (ROMANOS 4:17) derramou Sua rica misericórdia e Seu grande amor enviando o Seu Filho Jesus a esta Terra. Por meio da morte e da ressurreição de Cristo, nós fomos vivificados (EFÉSIOS 2:4,5).

Quando cremos na morte e na ressurreição de Jesus Cristo, passamos da morte para a vida. Agora vivemos para regozijarmo-nos em Sua bondade! ❁

MLW

Aceitar a morte e a ressurreição de Jesus nos concede nova vida.

LEITURA DE HOJE: **Efésios 2:1-10**

¹Ele vos deu vida, estando vós mortos nos vossos delitos e pecados, ²nos quais andastes outrora, segundo o curso deste mundo, segundo o príncipe da potestade do ar, do espírito que agora atua nos filhos da desobediência; ³entre os quais também todos nós andamos outrora, segundo as inclinações da nossa carne, fazendo a vontade da carne e dos pensamentos; e éramos, por natureza, filhos da ira, como também os demais. ⁴Mas Deus, sendo rico em misericórdia, por causa do grande amor com que nos amou, ⁵e estando nós mortos em nossos delitos, nos deu vida juntamente com Cristo, – pela graça sois salvos, ⁶e, juntamente com ele, nos ressuscitou, e nos fez assentar nos lugares celestiais em Cristo Jesus; ⁷para mostrar, nos séculos vindouros, a suprema riqueza da sua graça, em bondade para conosco, em Cristo Jesus. ⁸Porque pela graça sois salvos, mediante a fé; e isto não vem de vós; é dom de Deus; ⁹não de obras, para que ninguém se glorie. ¹⁰Pois somos feitura dele, criados em Cristo Jesus para boas obras, as quais Deus de antemão preparou para que andássemos nelas.

Brade aleluia!

LEITURA: **1 Coríntios 15:50-58**

Onde está, ó morte, a tua vitória?...
1 Coríntios 15:55

Há alguns dias, vi meu velho amigo Beto pedalando vigorosamente numa bicicleta na academia de nossa vizinhança, enquanto olhava para baixo encarando o monitor de pressão sanguínea em seu dedo.

"O que você está fazendo?", perguntei-lhe.

"Vendo se estou vivo", ele resmungou.

"E o que você faria se estivesse morto?"

"Gritaria aleluia", ele me respondeu com um sorriso radiante.

Com o passar dos anos, tive a oportunidade de ver a grande força interior do Beto: sua resistência diante da decadência física e do desconforto, sua fé e esperança conforme ele se aproxima do fim da sua jornada. Realmente, ele não só encontrou a esperança, mas a morte perdeu o poder de oprimi-lo.

Quem consegue encontrar a paz e a esperança e até mesmo a alegria — na morte? Apenas aqueles que estão unidos pela fé ao Deus da eternidade e que sabem que têm a vida eterna (1 CORÍNTIOS 15:52,54). Para aqueles que já têm esta certeza, como o meu amigo Beto, a morte já perdeu o seu terror. Eles podem falar com grande alegria sobre ver o Senhor Jesus Cristo face a face!

Por que ter medo da morte? Por que não se alegrar? Como o poeta John Donne (1572-1631) escreveu, "Após curto sono, acorda eterno o que jaz." DHR

Para o cristão, o ato de partir desta vida é a última sombra da noite terrena antes da alvorada celestial.

LEITURA DE HOJE: 1 Coríntios 15:50-58

⁵⁰Isto afirmo, irmãos, que a carne e o sangue não podem herdar o reino de Deus, nem a corrupção herdar a incorrupção. ⁵¹Eis que vos digo um mistério: nem todos dormiremos, mas transformados seremos todos, ⁵²num momento, num abrir e fechar de olhos, ao ressoar da última trombeta. A trombeta soará, os mortos ressuscitarão incorruptíveis, e nós seremos transformados. ⁵³Porque é necessário que este corpo corruptível se revista da incorruptibilidade, e que o corpo mortal se revista da imortalidade. ⁵⁴E, quando este corpo corruptível se revestir de incorruptibilidade, e o que é mortal se revestir de imortalidade, então, se cumprirá a palavra que está escrita: Tragada foi a morte pela vitória. ⁵⁵Onde está, ó morte, a tua vitória? Onde está, ó morte, o teu aguilhão? ⁵⁶O aguilhão da morte é o pecado, e a força do pecado é a lei. ⁵⁷Graças a Deus, que nos dá a vitória por intermédio de nosso Senhor Jesus Cristo. ⁵⁸Portanto, meus amados irmãos, sede firmes, inabaláveis e sempre abundantes na obra do Senhor, sabendo que, no Senhor, o vosso trabalho não é vão.

Nunca decepcione

LEITURA: **Lamentações 3:13-26**

As misericórdias do SENHOR [...] não têm fim; renovam-se cada manhã... Lamentações 3:22-23

Quando eu era criança, um de meus passatempos favoritos era brincar na gangorra do parque vizinho. Uma criança se sentava em cada extremidade da tábua e ambas se movimentavam para cima e para baixo. Às vezes, a criança que estava em baixo permanecia parada deixando seu coleguinha no ar gritando para descer. Mas o truque mais cruel de todos era sair da gangorra correndo quando seu amigo estivesse lá em cima — ele cairia no chão com um impacto doloroso.

Algumas vezes, podemos sentir que Jesus faz isso conosco. Confiamos que Ele estará conosco nos altos e baixos da vida. No entanto, quando a vida passa por uma reviravolta e nos deixa com galos e contusões, pode parecer que Ele se afastou, permitindo que desmoronemos dolorosamente.

Lemos em Lamentações 3 que: "As misericórdias do SENHOR são a causa de não sermos consumidos, porque as suas misericórdias não têm fim" (v.22), e que Deus é fiel até o fim, mesmo quando tudo parece estar desmoronando. Isto significa que em meio à nossa dor, mesmo que tenhamos sido abandonados, não estamos sozinhos. E ainda que não sintamos a Sua presença, Ele está ali como nosso companheiro confiável, que nunca se afastará nem nos decepcionará! — *JMS*

*Quando todos falham,
Jesus é nosso amigo mais confiável.*

LEITURA DE HOJE: **Lamentações 3:13-26**

¹³Fez que me entrassem no coração as flechas da sua aljava. ¹⁴Fui feito objeto de escárnio para todo o meu povo e a sua canção, todo o dia. ¹⁵Fartou-me de amarguras, saciou-me de absinto. ¹⁶Fez-me quebrar com pedrinhas de areia os meus dentes, cobriu-me de cinza. ¹⁷Afastou a paz de minha alma; esqueci-me do bem. ¹⁸Então, disse eu: já pereceu a minha glória, como também a minha esperança no Senhor. ¹⁹Lembra-te da minha aflição e do meu pranto, do absinto e do veneno. ²⁰Minha alma, continuamente, os recorda e se abate dentro de mim. ²¹Quero trazer à memória o que me pode dar esperança. ²²As misericórdias do Senhor são a causa de não sermos consumidos, porque as suas misericórdias não têm fim; ²³renovam-se cada manhã. Grande é a tua fidelidade. ²⁴A minha porção é o Senhor, diz a minha alma; portanto, esperarei nele. ²⁵Bom é o Senhor para os que esperam por ele, para a alma que o busca. ²⁶Bom é aguardar a salvação do Senhor, e isso, em silêncio.

"Se quiseres"

LEITURA: **Mateus 8:1-4**

...Senhor, se quiseres, podes purificar-me. Mateus 8:2

Marisa queria a ajuda de seu pai, mas estava com medo de pedir. Ela sabia que quando ele estava trabalhando em seu computador, não gostava de ser interrompido. "Ele pode ficar chateado comigo", ela pensou, e não pediu a ajuda dele.

Não precisamos ter esse tipo de medo quando nos aproximamos de Jesus. No evangelho de Mateus 8:1-4, lemos sobre um leproso que não hesitou em interromper o Mestre com as suas necessidades. Sua doença o desesperava — ele já tinha sido banido da sociedade e passava por intenso sofrimento emocional. Jesus estava ocupado com as "grandes multidões", mas o leproso caminhou em meio ao povo para falar com Jesus.

O evangelho de Mateus diz que o leproso veio e "...adorou-o..." (v.2). Ele abordou Jesus em adoração, com confiança em Seu poder e com humildade no coração, reconhecendo que a escolha de ajudar pertencia apenas a Jesus. Ele disse: "...Senhor, se quiseres, podes purificar-me" (v.2). Jesus o tocou com compaixão, (a lepra havia tornado aquele homem "intocável" pelos padrões da lei judaica), e ele foi imediatamente purificado.

Como o leproso, não precisamos hesitar em abordar Jesus quando desejamos a Sua ajuda. Ao nos aproximarmos dele com humildade e adoração, podemos confiar que Ele fará as melhores escolhas para nós. ❁

AMC

Acheguemo-nos, portanto, confiadamente, junto ao trono da graça, a fim de recebermos misericórdia... HEBREUS 4:16

LEITURA DE HOJE: **Mateus 8:1-4**

¹Ora, descendo ele do monte, grandes multidões o seguiram. ²E eis que um leproso, tendo-se aproximado, adorou-o, dizendo: Senhor, se quiseres, podes purificar-me. ³E Jesus, estendendo a mão, tocou-lhe, dizendo: Quero, fica limpo! E imediatamente ele ficou limpo da sua lepra. ⁴Disse-lhe, então, Jesus: Olha, não o digas a ninguém, mas vai mostrar-te ao sacerdote e fazer a oferta que Moisés ordenou, para servir de testemunho ao povo.

Árvore de descanso

LEITURA: **Esdras 9:5-9**

...sobrevive um remanescente segundo a eleição da graça. Romanos 11:5

A **árvore solitária** no campo à frente de meu escritório permanecia um mistério. Uma enorme quantidade de árvores havia sido cortada para que o fazendeiro pudesse plantar milho. Mas uma árvore permanecia em pé com os seus longos galhos espalhados. O mistério foi revelado quando descobri que ela foi poupada por um propósito. Havia muito tempo, os fazendeiros deixavam, por tradição, uma árvore plantada para que eles e seus animais tivessem um lugar fresco para descansar quando o calor do sol do verão estivesse muito forte.

Em algum momento pode ocorrer que venhamos a perceber que mais ninguém, além de nós, sobreviveu a algo, e não sabermos o porquê. Os soldados voltando do combate e os pacientes que sobreviveram a uma doença letal, lutam para descobrir porque puderam sobreviver, enquanto os outros não tiveram a mesma sorte.

O Antigo Testamento fala dos sobreviventes a quem Deus poupou quando a nação foi enviada ao exílio. Os sobreviventes preservaram a lei de Deus e mais tarde reconstruíram o templo (ESDRAS 9:9). O apóstolo Paulo referia-se a si mesmo como parte do remanescente de Deus (ROMANOS 11:1,5). Ele foi poupado para tornar-se o mensageiro de Deus aos gentios (v.13).

Se permanecemos em pé onde os outros já caíram, é para que ergamos as nossas mãos aos céus em louvor e para que abramos os nossos braços para fazer sombra ao cansado. O Senhor nos capacita para que sejamos uma árvore de descanso para outros.

JAL

A esperança pode ser acesa com a fagulha do encorajamento.

LEITURA DE HOJE: **Esdras 9:5-9**

⁵Na hora do sacrifício da tarde, levantei-me da minha humilhação, com as vestes e o manto já rasgados, me pus de joelhos, estendi as mãos para o Senhor, meu Deus, ⁶e disse: Meu Deus! Estou confuso e envergonhado, para levantar a ti a face, meu Deus, porque as nossas iniquidades se multiplicaram sobre a nossa cabeça, e a nossa culpa cresceu até aos céus. ⁷Desde os dias de nossos pais até hoje, estamos em grande culpa e, por causa das nossas iniquidades, fomos entregues, nós, os nossos reis e os nossos sacerdotes, nas mãos dos reis de outras terras e sujeitos à espada, ao cativeiro, ao roubo e à ignomínia, como hoje se vê. ⁸Agora, por breve momento, se nos manifestou a graça da parte do Senhor, nosso Deus, para nos deixar alguns que escapem e para dar-nos estabilidade no seu santo lugar; para nos alumiar os olhos, ó Deus nosso, e para nos dar um pouco de vida na nossa servidão; ⁹porque somos servos, porém, na nossa servidão, não nos desamparou o nosso Deus; antes, estendeu sobre nós a sua misericórdia, e achamos favor perante os reis da Pérsia, para nos reviver, para levantar a casa do nosso Deus, para restaurar as suas ruínas e para que nos desse um muro de segurança em Judá e em Jerusalém.

Linha de chegada

LEITURA: **2 Timóteo 4:1-8**

Combati o bom combate, completei a carreira, guardei a fé. 2 Timóteo 4:7

Quando Jônatas descobriu que a saúde de sua mãe estava deteriorando muito rapidamente, ele imediatamente tomou um avião para estar ao seu lado. Ao chegar, sentou-se ao lado dela segurando-lhe a mão, cantando hinos, consolando-a e expressando seu amor. A mãe dele faleceu e no funeral muitos disseram a Jônatas como ela havia sido uma bênção. Por ter o dom do ensino da Bíblia, tinha aconselhado outros e liderado grupos de oração. Estas eram partes essenciais do seu serviço a Cristo até muito perto do fim de sua vida. A mãe de Jônatas terminou a sua caminhada terrena com a sua fé firme em Cristo.

Para honrá-la, Jônatas também participou de uma maratona de 42 quilômetros. Durante a corrida, ele agradeceu a Deus pela vida de sua mãe e lamentou por sua perda. Quando cruzou a linha de chegada, Jônatas apontou seu indicador para o céu dizendo: — "Para ela a linha de chegada foi o céu". Ela havia honrado Cristo até o fim, e ele lembrou-se das palavras do apóstolo Paulo: "Combati o bom combate, completei a carreira, guardei a fé. Já agora a coroa da justiça me está guardada, a qual o Senhor [...] me dará naquele Dia..." (2 TIMÓTEO 4:7,8).

Estamos em uma "maratona". Corramos de forma que possamos obter o prêmio de "uma coroa incorruptível" (1 CORÍNTIOS 9:25). O que poderia ser mais desejável do que "completar a carreira" firme com Cristo e estar com o Senhor para sempre?

HDF

A carreira cristã não é uma corrida de curta distância – é uma maratona.

LEITURA DE HOJE: 2 Timóteo 4:1-8

¹Conjuro-te, perante Deus e Cristo Jesus, que há de julgar vivos e mortos, pela sua manifestação e pelo seu reino: ²prega a palavra, insta, quer seja oportuno, quer não, corrige, repreende, exorta com toda a longanimidade e doutrina. ³Pois haverá tempo em que não suportarão a sã doutrina; pelo contrário, cercar-se-ão de mestres segundo as suas próprias cobiças, como que sentindo coceira nos ouvidos; ⁴e se recusarão a dar ouvidos à verdade, entregando-se às fábulas. ⁵Tu, porém, sê sóbrio em todas as coisas, suporta as aflições, faze o trabalho de um evangelista, cumpre cabalmente o teu ministério. ⁶Quanto a mim, estou sendo já oferecido por libação, e o tempo da minha partida é chegado. ⁷Combati o bom combate, completei a carreira, guardei a fé. ⁸Já agora a coroa da justiça me está guardada, a qual o Senhor, reto juiz, me dará naquele Dia; e não somente a mim, mas também a todos quantos amam a sua vinda.

Nova lista de desejos

LEITURA: **Romanos 12:6-21**

Amai-vos cordialmente uns aos outros com amor fraternal, preferindo-vos em honra uns aos outros. Romanos 12:10

Um amigo me contou que recentemente havia cumprido um dos itens de sua lista de "coisas a fazer antes de morrer", quando levou sua irmã à Europa. Apesar de já ter ido até lá várias vezes, a sua irmã nunca tinha ido. O que me surpreendeu foi a natureza altruísta de ter esse objetivo em sua "lista de desejos". Isto me fez pensar em: quantos de meus sonhos e objetivos estão focados em outros e não em mim?

O texto de Romanos 12:6-21 fala dos dons de Deus para nós como membros do corpo de Cristo e de como deveríamos usá-los na vida diária. Todos eles têm foco externo. Ensino, por exemplo, não é para a autorrealização do professor, mas para o benefício de outros. O mesmo acontece com os outros dons mencionados nos versículos 6-8. Paulo resumiu esta abordagem generosa ao nos incentivar a amarmos uns aos outros: "...cordialmente uns aos outros com amor fraternal, preferindo-vos em honra uns aos outros" (v.10).

Paulo exemplificou esta atitude ao incluir outros em seu ministério e ao investir sua vida na geração seguinte de cristãos. A generosidade, a hospitalidade, o perdão e a compaixão orientavam o seu comportamento.

Nossos objetivos na vida deveriam incluir compartilhar os dons que Deus nos deu. ❧

DCM

Para uma vida espiritual mais saudável, exercite a humildade e o cuidado pelos outros.

LEITURA DE HOJE: **Romanos 12:6-21**

⁶tendo, porém, diferentes dons segundo a graça que nos foi dada: se profecia, seja segundo a proporção da fé; ⁷se ministério, dediquemo-nos ao ministério; ou o que ensina esmere-se no fazê-lo; ⁸ou o que exorta faça-o com dedicação; o que contribui, com liberalidade; o que preside, com diligência; quem exerce misericórdia, com alegria. ⁹O amor seja sem hipocrisia. Detestai o mal, [...]. ¹⁰Amai-vos [...] com amor fraternal, preferindo-vos em honra uns aos outros. ¹¹No zelo, não sejais remissos; sede fervorosos de espírito, servindo ao Senhor; ¹²regozijai-vos na esperança, sede pacientes na tribulação, na oração, perseverantes; ¹³compartilhai as necessidades dos santos; praticai a hospitalidade; ¹⁴abençoai os que vos perseguem, abençoai e não amaldiçoeis. ¹⁵Alegrai-vos com os que se alegram e chorai com os que choram. ¹⁶Tende o mesmo sentimento uns para com os outros; em lugar de serdes orgulhosos, condescendei com o que é humilde; não sejais sábios aos vossos próprios olhos. ¹⁷Não torneis a ninguém mal por mal; esforçai-vos por fazer o bem perante todos os homens; ¹⁸se possível, quanto depender de vós, tende paz com todos os homens; ¹⁹ [...]. ²⁰Pelo contrário, se o teu inimigo tiver fome, dá-lhe de comer; se tiver sede, dá-lhe de beber; porque, fazendo isto, amontoarás brasas vivas sobre a sua cabeça. ²¹Não te deixes vencer do mal, mas vence o mal com o bem.

Era uma vez

LEITURA: **Mateus 24:32-44**

Deparou o Senhor um grande peixe, para que tragasse a Jonas; e esteve Jonas três dias e três noites no ventre do peixe. Jonas 1:17

Algumas pessoas dizem que a Bíblia é simplesmente uma coleção de contos de fadas: um menino que mata um gigante; um homem engolido por um grande peixe; a experiência do idoso Noé ao construir a arca. Até mesmo alguns religiosos pensam que estes acontecimentos são apenas histórias bonitas com uma bela moral.

O próprio Jesus, no entanto, falou de Jonas e do grande peixe, de Noé e do dilúvio como sendo acontecimentos verdadeiros: "Pois assim como foi nos dias de Noé, também será a vinda do Filho do Homem. Porquanto, assim como nos dias anteriores ao dilúvio comiam e bebiam, casavam e davam-se em casamento, até ao dia em que Noé entrou na arca, e não o perceberam, senão quando veio o dilúvio e os levou a todos, assim será também a vinda do Filho do Homem" (MATEUS 24:37-39). Sua volta acontecerá quando não estivermos esperando por ela.

Jesus comparou os três dias de Jonas dentro da barriga do grande peixe aos três dias que Ele experimentaria na sepultura antes de Sua ressurreição (MATEUS 12:40). E Pedro falou sobre Noé e o dilúvio comparando-o a um dia futuro quando Jesus voltar (2 PEDRO 2:4-9).

Deus nos deu a Sua Palavra — a Bíblia, um livro repleto da verdade, não contos de fadas. E um dia viveremos felizes para sempre com o Senhor quando Jesus vier novamente e receber Seus filhos para si. ❧

CHK

**Temos motivo para o otimismo
se estivermos esperando pelo retorno de Cristo.**

LEITURA DE HOJE: **Mateus 24:32-44**

³²Aprendei, pois, a parábola da figueira: quando já os seus ramos se renovam e as folhas brotam, sabeis que está próximo o verão. ³³Assim também vós: quando virdes todas estas coisas, sabei que está próximo, às portas. ³⁴Em verdade vos digo que não passará esta geração sem que tudo isto aconteça. ³⁵Passará o céu e a terra, porém as minhas palavras não passarão. ³⁶Mas a respeito daquele dia e hora ninguém sabe, nem os anjos dos céus, nem o Filho, senão o Pai. ³⁷Pois assim como foi nos dias de Noé, também será a vinda do Filho do Homem. ³⁸Porquanto, assim como nos dias anteriores ao dilúvio comiam e bebiam, casavam e davam-se em casamento, até ao dia em que Noé entrou na arca, ³⁹e não o perceberam, senão quando veio o dilúvio e os levou a todos, assim será também a vinda do Filho do Homem. ⁴⁰Então, dois estarão no campo, um será tomado, e deixado o outro; ⁴¹duas estarão trabalhando num moinho, uma será tomada, e deixada a outra. ⁴²Portanto, vigiai, porque não sabeis em que dia vem o vosso Senhor. ⁴³Mas considerai isto: se o pai de família soubesse a que hora viria o ladrão, vigiaria e não deixaria que fosse arrombada a sua casa. ⁴⁴Por isso, ficai também vós apercebidos; porque, à hora em que não cuidais, o Filho do Homem virá.

Abençoado esquecimento

LEITURA: **João 10:1-10**

**Eu sou a porta.
Se alguém entrar por mim, será salvo...**
João 10:9

Meu **escritório fica** no andar inferior de minha casa, mas eu frequentemente vou a vários cômodos do andar superior para fazer uma coisa ou outra. Infelizmente, quando chego ao andar de cima geralmente esqueço o que estava planejando quando decidi ir lá. O pesquisador Gabriel Radvansky elaborou uma explicação para este fenômeno. Ele propõe que uma porta serve como uma "delimitação de evento".

Após conduzir três experimentos diferentes, ele apresentou a teoria de que uma porta, ou um vão de entrada, sinaliza para o cérebro que a informação guardada na memória pode ser desprezada — mas é frustrante quando estou lá tentando lembrar porque fui até o andar superior. No entanto, o esquecimento pode ser uma bênção. Quando fecho a porta de meu quarto à noite e vou dormir, é uma bênção esquecer as preocupações do dia.

Quando penso no fato de que Jesus se chamou de "a porta" (JOÃO 10:7,9), percebo um novo significado para esta metáfora. Quando as ovelhas entram no aprisco, refugiam-se em um local protegido de ladrões e predadores. No caso dos cristãos, o Grande Pastor é a porta entre nós e nossos inimigos. Uma vez que entramos no abrigo para ovelhas, podemos "esquecer" todos os perigos e ameaças. Podemos desfrutar do esquecimento divino e descansar sob a proteção do Grande Pastor. JAL

*Cristo é a porta que nos mantém protegidos,
deixando o perigo para fora.*

LEITURA DE HOJE: João 10:1-10

¹Em verdade, em verdade vos digo: o que não entra pela porta no aprisco das ovelhas, mas sobe por outra parte, esse é ladrão e salteador. ²Aquele, porém, que entra pela porta, esse é o pastor das ovelhas. ³Para este o porteiro abre, as ovelhas ouvem a sua voz, ele chama pelo nome as suas próprias ovelhas e as conduz para fora. ⁴Depois de fazer sair todas as que lhe pertencem, vai adiante delas, e elas o seguem, porque lhe reconhecem a voz; ⁵mas de modo nenhum seguirão o estranho; antes, fugirão dele, porque não conhecem a voz dos estranhos. ⁶Jesus lhes propôs esta parábola, mas eles não compreenderam o sentido daquilo que lhes falava. ⁷Jesus, pois, lhes afirmou de novo: Em verdade, em verdade vos digo: eu sou a porta das ovelhas. ⁸Todos quantos vieram antes de mim são ladrões e salteadores; mas as ovelhas não lhes deram ouvido. ⁹Eu sou a porta. Se alguém entrar por mim, será salvo; entrará, e sairá, e achará pastagem. ¹⁰O ladrão vem somente para roubar, matar e destruir; eu vim para que tenham vida e a tenham em abundância.

É só o começo

Um coração honesto

LEITURA: **Salmo 15**

Bem sei, meu Deus, que tu provas os corações e que da sinceridade te agradas... 1 Crônicas 29:17

Encontrei um epitáfio em uma lápide no cemitério que dizia: "J. Silva: um homem honesto."

Não sei nada sobre a vida de J. Silva, mas pelo fato de sua sepultura ser tão extraordinariamente ornamentada, ele provavelmente se deu muito bem enquanto viveu. Mas independentemente do que ele tenha conquistado em sua vida, agora é lembrado por apenas uma coisa: Ele era "um homem honesto".

Diógenes, o filósofo grego, investiu toda a sua vida na busca da honestidade e finalmente concluiu que não era possível encontrar um homem honesto. É difícil encontrar pessoas honestas em qualquer época, mas essa característica é de grande importância. Honestidade não é a melhor política — é a única política, e uma das marcas de um homem ou mulher que vive na presença de Deus. Davi escreveu: "Quem, SENHOR [...] há de morar no teu santo monte? O que vive com integridade..." (SALMO 15:1,2).

Questiono-me: Sou confiável e digno em todas as minhas obrigações? Minhas palavras ressoam a verdade? Falo a verdade em amor ou disfarço e manipulo os fatos de vez em quando; quem sabe exagero com objetivo de dar ênfase? Se sim, posso voltar-me a Deus com total confiança e pedir perdão e clamar por um coração bom e honesto — para que a autenticidade seja parte integral da minha natureza. Aquele que começou a boa obra em mim é fiel. Ele a cumprirá. ❧ DHR

Viva de modo a ser lembrado como exemplo de honestidade e integridade.

LEITURA DE HOJE: **Salmo 15**

¹Quem, Senhor, habitará no teu tabernáculo? Quem há de morar no teu santo monte? ²O que vive com integridade, e pratica a justiça, e, de coração, fala a verdade; ³o que não difama com sua língua, não faz mal ao próximo, nem lança injúria contra o seu vizinho; ⁴o que, a seus olhos, tem por desprezível ao réprobo, mas honra aos que temem ao Senhor; o que jura com dano próprio e não se retrata; ⁵o que não empresta o seu dinheiro com usura, nem aceita suborno contra o inocente. Quem deste modo procede não será jamais abalado.

Meu pai conheceu Jesus

LEITURA: **1 Timóteo 1:15-17**

...me foi concedida misericórdia [...] e servisse eu de modelo a quantos hão de crer nele para a vida eterna. 1 Timóteo 1:16

O meu avô, meu pai e os seus irmãos eram valentões que, compreensivelmente, não gostavam de pessoas que lhes "perturbavam com questões sobre fé". Quando meu pai foi diagnosticado com um câncer de rápida evolução e letal, aproveitei todas as oportunidades para falar com ele sobre o amor de Jesus. Inevitavelmente, ele acabava a discussão com uma resposta educada, mas firme: "Eu sei o que preciso saber."

Prometi não tocar mais no assunto e dei a ele cartões que falavam do perdão que Deus oferece para ele ler quando quisesse. Entreguei-o a Deus e orei. Um amigo também pediu a Deus que mantivesse o meu pai vivo por tempo suficiente até que ele viesse a conhecer Jesus, o Salvador.

Certa tarde, recebi a notícia de que meu pai havia falecido. Quando meu irmão me encontrou, disse: "Papai me pediu para dizer a você que ele pediu a Jesus que perdoasse o seu pecado." "Quando? Perguntei-lhe." "Na manhã em que ele faleceu", respondeu. Deus lhe concedeu "misericórdia" como a concedeu a nós (1 TIMÓTEO 1:16).

Algumas vezes, falamos sobre o evangelho, outras, compartilhamos a nossa história e ainda outras, simplesmente servimos de exemplo de semelhança a Cristo, sem usar palavras, e sempre oramos. Sabemos que a salvação é uma obra de Deus e não algo que possamos fazer uns pelos outros. Deus é misericordioso e não importa o resultado de nossas orações, podemos sempre confiar nele. ❧

RKK

Nós plantamos e regamos, mas Deus concede o crescimento.

LEITURA DE HOJE: **1 Timóteo 1:15-17**

¹⁵Fiel é a palavra e digna de toda aceitação: que Cristo Jesus veio ao mundo para salvar os pecadores, dos quais eu sou o principal. ¹⁶Mas, por esta mesma razão, me foi concedida misericórdia, para que, em mim, o principal, evidenciasse Jesus Cristo a sua completa longanimidade, e servisse eu de modelo a quantos hão de crer nele para a vida eterna. ¹⁷Assim, ao Rei eterno, imortal, invisível, Deus único, honra e glória pelos séculos dos séculos. Amém!

Promessa de restauração

LEITURA: **Isaías 51:9-16**

"Assim voltarão os resgatados do SENHOR e virão a Sião com júbilo, e perpétua alegria lhes coroará a cabeça..." Isaías 51:11

Em suas repetidas mensagens de consolação, Isaías fala sobre o propósito e o plano do Senhor em libertar Israel da opressão. Ele apresenta um apelo fervoroso para que Deus desperte para o sofrimento do Seu povo e os salve logo.

O profeta afirma que a restauração de Israel para o novo mundo de justiça e redenção pode ser realizada somente pelo braço de Deus, pelo exercício do Seu grandioso poder. Enquanto o Todo-Poderoso permitisse que as nações oprimissem Israel, seria como se Ele estivesse adormecido.

Isaías relembra dos atos poderosos do Senhor na criação, quando este livrou Israel do Egito e de Seu poder sobre o mar. Com confiança, afirma que o Senhor demonstrará novamente o Seu poder de salvar. Como triunfou na formação da ordem material a partir do caos, assim também no livramento do Seu povo, estabelecerá de novo a ordem abalada pela brutalidade do cativeiro. O Senhor Deus há de manifestar o Seu magnífico poder na restauração de Seu povo, que voltará para a sua terra com a cabeça coroada de alegria. Nesta nova realidade, a dor e o gemido fugirão deles.

Deus nunca se esquece de Seu povo. Temos um Senhor poderosíssimo, cujo braço é forte para resgatar da tristeza e do sofrimento, trazendo perpétua alegria. Vale a pena confiar e esperar pela restauração do Senhor, que é o mesmo ontem, hoje e eternamente. ❧

JGM

O braço do Todo-Poderoso o envolve e o livra.

LEITURA DE HOJE: **Isaías 51:9-16**

⁹Desperta, desperta, arma-te de força, braço do Senhor; desperta como nos dias passados, como nas gerações antigas; não és tu aquele que abateu o Egito e feriu o monstro marinho? ¹⁰Não és tu aquele que secou o mar, as águas do grande abismo? Aquele que fez o caminho no fundo do mar, para que passassem os remidos? ¹¹Assim voltarão os resgatados do Senhor e virão a Sião com júbilo, e perpétua alegria lhes coroará a cabeça; o regozijo e a alegria os alcançarão, e deles fugirão a dor e o gemido. ¹²Eu, eu sou aquele que vos consola; quem, pois, és tu, para que temas o homem, que é mortal, ou o filho do homem, que não passa de erva? ¹³Quem és tu que te esqueces do Senhor, que te criou, que estendeu os céus e fundou a terra, e temes continuamente todo o dia o furor do tirano, que se prepara para destruir? Onde está o furor do tirano? ¹⁴O exilado cativo depressa será libertado, lá não morrerá, lá não descerá à sepultura; o seu pão não lhe faltará. ¹⁵Pois eu sou o Senhor, teu Deus, que agito o mar, de modo que bramem as suas ondas – o Senhor dos Exércitos é o meu nome. ¹⁶Ponho as minhas palavras na tua boca e te protejo com a sombra da minha mão, para que eu estenda novos céus, funde nova terra e diga a Sião: Tu és o meu povo.

Prender-se ao passado

LEITURA: **Filipenses 4:6-9**

...perguntai pelas veredas antigas, qual é o bom caminho; andai por ele e achareis descanso para a vossa alma... Jeremias 6:16

Você já deve ter ouvido: "viver no passado é esquecer-se do presente". É fácil amarrar-se a lembranças dos "bons e velhos tempos" em vez de usar as nossas experiências para encontrar a orientação para a estrada que está por vir. Todos nós somos suscetíveis aos efeitos paralisantes da nostalgia — uma saudade daquilo que existia antes.

Jeremias era sacerdote numa pequena cidade próxima a Jerusalém quando Deus o chamou para ser "...profeta às nações..." (JEREMIAS 1:5). A ele foi dada a tarefa muito difícil de pronunciar o julgamento de Deus, primariamente sobre o povo de Judá, que se afastara do Senhor. Jeremias deixou claro que ele estava entregando a mensagem de Deus, não a sua própria (7:1,2).

O Senhor disse: "...Ponde-vos à margem no caminho e vede, perguntai pelas veredas antigas, qual é o bom caminho; andai por ele e achareis descanso para a vossa alma; mas eles dizem: Não andaremos" (6:16).

Deus exortou o Seu povo a olhar para trás para poder avançar. O propósito de examinar os caminhos antigos era encontrar "o bom caminho" marcado pela fidelidade de Deus, Seu perdão e Seu chamado para avançar.

Relembrando o nosso passado, Deus pode nos ensinar que o melhor caminho é sempre aquele em que andamos com Ele.

DCM

A orientação de Deus recebida no passado, nos concede a coragem para o futuro.

LEITURA DE HOJE: **Filipenses 4:6-9**

⁶Não andeis ansiosos de coisa alguma; em tudo, porém, sejam conhecidas, diante de Deus, as vossas petições, pela oração e pela súplica, com ações de graças. ⁷E a paz de Deus, que excede todo o entendimento, guardará o vosso coração e a vossa mente em Cristo Jesus. ⁸Finalmente, irmãos, tudo o que é verdadeiro, tudo o que é respeitável, tudo o que é justo, tudo o que é puro, tudo o que é amável, tudo o que é de boa fama, se alguma virtude há e se algum louvor existe, seja isso o que ocupe o vosso pensamento. ⁹O que também aprendestes, e recebestes, e ouvistes, e vistes em mim, isso praticai; e o Deus da paz será convosco.

Tempos incertos

LEITURA: **2 Timóteo 4:1-8**

E a paz de Deus, que excede todo o entendimento, guardará o vosso coração e a vossa mente em Cristo Jesus. Filipenses 4:7

Durante uma grande crise econômica ocorrida vários anos atrás, muitas pessoas perderam seus empregos. Infelizmente, meu cunhado foi uma delas. Escrevendo-me sobre a situação deles, minha irmã compartilhou que, embora tivessem incertezas, sentiam paz, pois sabiam que Deus cuidaria deles.

Aqueles que creem em Jesus podem ter paz em meio às incertezas, porque temos a certeza de que o nosso Pai celestial ama os Seus filhos e cuida de nossas necessidades (MATEUS 6:25-34). Podemos levar todas as nossas preocupações ao Senhor com atitude de gratidão, confiando nele para satisfazer as nossas necessidades e nos dar paz (FILIPENSES 4:6-7).

Esta "...paz de Deus, que excede todo o entendimento...", escreve o apóstolo Paulo, "...guardará o vosso coração e a vossa mente em Cristo Jesus" (v.7). Dizer que essa paz excede todo o entendimento revela que não podemos explicá-la, mas podemos vivenciá-la, pois Jesus Cristo guarda o nosso coração e a nossa mente.

A nossa paz provém da confiança de que o Senhor nos ama e de que Ele está no controle. Somente o Senhor proporciona o conforto que acalma os nossos nervos, preenche as nossas mentes com esperança e nos permite relaxar, mesmo em meio aos desafios. 🌿

PFC

Tu, Senhor, conservarás em perfeita paz aquele cujo propósito é firme... ISAÍAS 26:3

LEITURA DE HOJE: 2 Timóteo 4:1-8

¹Conjuro-te, perante Deus e Cristo Jesus, que há de julgar vivos e mortos, pela sua manifestação e pelo seu reino: ²prega a palavra, insta, quer seja oportuno, quer não, corrige, repreende, exorta com toda a longanimidade e doutrina. ³Pois haverá tempo em que não suportarão a sã doutrina; pelo contrário, cercar-se-ão de mestres segundo as suas próprias cobiças, como que sentindo coceira nos ouvidos; ⁴e se recusarão a dar ouvidos à verdade, entregando-se às fábulas. ⁵Tu, porém, sê sóbrio em todas as coisas, suporta as aflições, faze o trabalho de um evangelista, cumpre cabalmente o teu ministério. ⁶Quanto a mim, estou sendo já oferecido por libação, e o tempo da minha partida é chegado. ⁷Combati o bom combate, completei a carreira, guardei a fé. ⁸Já agora a coroa da justiça me está guardada, a qual o Senhor, reto juiz, me dará naquele Dia; e não somente a mim, mas também a todos quantos amam a sua vinda.

Perguntas diferentes

LEITURA: **Jó 38:1-11**

Onde estavas tu, quando eu lançava os fundamentos da terra?... Jó 38:4

Quando a tragédia acontece, surgem as perguntas. A perda de um ente querido pode nos fazer questionar Deus com uma série de perguntas pontuais: "Por que o Senhor permitiu que isso acontecesse?" "De quem foi a culpa?". "O Senhor não se importa com a minha dor?". Acredite em mim — sou o pai enlutado de uma adolescente que morreu tragicamente, e fiz estas mesmas perguntas.

O livro de Jó registra as perguntas que Jó faz ao se sentar com os amigos para lamentar o seu sofrimento. Ele perdera a sua família, a sua saúde e as suas posses. Em certo ponto, ele pergunta: "Por que se concede luz ao miserável e vida aos amargurados de ânimo?" (3:20). Mais tarde, questiona: "Por que esperar, se já não tenho forças?..." (6:11). E: "Parece-te bem que me oprimas...?" (10:3). Muitos já estiveram diante de uma lápide colocada muito cedo e fizeram perguntas semelhantes.

Mas ao ler até o final do livro de Jó, você se surpreende. Quando Deus responde a Jó (38-41), Ele o faz de maneira inesperada. Ele vira o jogo e questiona o Seu servo Jó — faz-lhe perguntas diferentes que demonstram a sabedoria e soberania divina. Perguntas sobre a Sua magnífica criação — a terra, as estrelas e o mar. E todas as perguntas destacam o seguinte: Deus é soberano. Deus é Todo-poderoso. Deus é amor. E Ele sabe o que está fazendo.

JDB

Nosso maior conforto em meio ao sofrimento é saber que Deus está no controle.

LEITURA DE HOJE: **Jó 38:1-11**

¹Depois disto, o Senhor, do meio de um redemoinho, respondeu a Jó: ²Quem é este que escurece os meus desígnios com palavras sem conhecimento? ³Cinge, pois, os lombos como homem, pois eu te perguntarei, e tu me farás saber. ⁴Onde estavas tu, quando eu lançava os fundamentos da terra? Dize-mo, se tens entendimento. ⁵Quem lhe pôs as medidas, se é que o sabes? Ou quem estendeu sobre ela o cordel? ⁶Sobre que estão fundadas as suas bases ou quem lhe assentou a pedra angular, ⁷quando as estrelas da alva, juntas, alegremente cantavam, e rejubilavam todos os filhos de Deus? ⁸Ou quem encerrou o mar com portas, quando irrompeu da madre; ⁹quando eu lhe pus as nuvens por vestidura e a escuridão por fraldas? ¹⁰Quando eu lhe tracei limites, e lhe pus ferrolhos e portas, ¹¹e disse: até aqui virás e não mais adiante, e aqui se quebrará o orgulho das tuas ondas?

Olhe para os montes

LEITURA: **Salmo 121**

Elevo os olhos para os montes: de onde me virá o socorro? O meu socorro vem do SENHOR, que fez o céu e a terra. Salmo 121:1,2

No topo do morro do Corcovado, olhando para a cidade do Rio de Janeiro, está o Cristo Redentor, uma das estátuas mais altas de Cristo no mundo. Com 38 metros de altura e braços se estendendo por outros 30 metros, esta escultura pesa 1,145 toneladas. Ela pode ser vista, dia ou noite, a partir de quase todos os pontos da cidade. Um olhar para o morro e tem-se a visão dessa imagem do Cristo Redentor.

O Novo Testamento nos diz que Cristo não é apenas o Redentor, mas também o Criador do Universo, e esse Criador nos é apresentado no Salmo 121. Ali, o salmista nos desafia a erguer os olhos para os montes para ver Deus, pois o nosso "...socorro vem do SENHOR, que fez o céu e a terra" (v.1,2). Somente o Senhor é suficiente para ser a nossa força e para guiar os nossos passos ao trilharmos o nosso caminho em meio a esse mundo perigoso e conturbado.

Levantemos os nossos olhos Àquele que nos mantém (v.3), nos guarda (v.5,6) e nos protege contra todos os tipos de perigo. Ele nos preserva do mal e nos mantém em segurança sob o Seu cuidado por toda a eternidade (v.7,8).

Em fé, elevamos os nossos olhos Àquele que é o nosso Redentor e Criador. Ele é a nossa ajuda, nossa esperança e o nosso lar eterno. ❃

WEC

Cristo foi crucificado para nos trazer nova vida.

LEITURA DE HOJE: **Salmo 121**

¹Elevo os olhos para os montes: de onde me virá o socorro? ²O meu socorro vem do Senhor, que fez o céu e a terra. ³Ele não permitirá que os teus pés vacilem; não dormitará aquele que te guarda. ⁴É certo que não dormita, nem dorme o guarda de Israel. ⁵O Senhor é quem te guarda; o Senhor é a tua sombra à tua direita. ⁶De dia não te molestará o sol, nem de noite, a lua. ⁷O Senhor te guardará de todo mal; guardará a tua alma. ⁸O Senhor guardará a tua saída e a tua entrada, desde agora e para sempre.

O poder de um nome

LEITURA: **Provérbios 18:1-10**

Torre forte é o nome do Senhor... Provérbios 18:10

Os apelidos geralmente descrevem algum aspecto perceptível do caráter ou dos atributos físicos de uma pessoa. Ao crescer, meus amigos da escola me chamavam brutalmente "lábios de fígado", porque, naquela fase de desenvolvimento, meus lábios pareciam desproporcionalmente grandes. É desnecessário dizer, que sempre fiquei feliz por esse nome não ter "vingado".

Ao contrário do meu apelido, amo os nomes de Deus que descrevem as Suas magníficas características. Deus é tão maravilhosamente multifacetado, que tem muitos nomes que comunicam sobre o Seu poder e caráter. Para citar apenas alguns, vejamos o que o nosso Deus é:

Elohim, o Deus acima de todos os deuses.
Javé Jirê, o Deus que provê.
El Shadai, o Deus Todo-poderoso.
Javé Rafá, o Deus que cura.
Javé Shalom, o Deus da paz.
Javé Shamá, o Deus que está presente.
Javé Iauê, o Deus amoroso que mantém a Sua aliança.

Não é de se admirar que o autor do livro de Provérbios nos encoraje a lembrarmos de que: "Torre forte é o nome do Senhor...", que em tempos de necessidade as pessoas tementes a Deus, correm para Ele e estão seguras (PROVÉRBIOS 18:10). Quando as circunstâncias indesejáveis o ameaçarem e você se sentir vulnerável, reflita sobre um dos atributos de Deus. Tenha a certeza de que Ele será fiel ao Seu nome. *JMS*

Os nomes de Deus, que descrevem os Seus atributos e caráter, trazem-nos conforto quando mais necessitamos.

LEITURA DE HOJE: **Provérbios 18:1-10**

¹O solitário busca o seu próprio interesse e insurge-se contra a verdadeira sabedoria. ²O insensato não tem prazer no entendimento, senão em externar o seu interior. ³Vindo a perversidade, vem também o desprezo; e, com a ignomínia, a vergonha. ⁴Águas profundas são as palavras da boca do homem, e a fonte da sabedoria, ribeiros transbordantes. ⁵Não é bom ser parcial com o perverso, para torcer o direito contra os justos. ⁶Os lábios do insensato entram na contenda, e por açoites brada a sua boca. ⁷A boca do insensato é a sua própria destruição, e os seus lábios, um laço para a sua alma. ⁸As palavras do maldizente são doces bocados que descem para o mais interior do ventre. ⁹Quem é negligente na sua obra já é irmão do desperdiçador. ¹⁰Torre forte é o nome do Senhor, à qual o justo se acolhe e está seguro.

Verdadeira lealdade

LEITURA: **2 Coríntios 11:23-31**

Se tenho de gloriar-me, gloriar-me-ei no que diz respeito à minha fraqueza.
2 Coríntios 11:30

Segundo estimativas, mais de 14 trilhões de milhas foram acumuladas, por passageiros frequentes, em todo o mundo. Isso começou no início de 1980, quando as companhias aéreas começaram os programas de milhagem, para incentivar os passageiros a lhes dar preferência em viagens de negócios, premiando-os pela fidelidade. As milhas acumuladas podiam ser trocadas por viagens, bens e serviços gratuitos; por isso, não demorou muito para as pessoas começarem a planejar suas viagens com base na recompensa pessoal e no preço ou horário.

O apóstolo Paulo era um ávido viajante do primeiro século, mas não pelas "milhas de fidelidade". O objetivo dele era alcançar quantos conseguisse com as boas notícias do perdão e da vida eterna por meio da fé em Jesus. Quando alguns da cidade de Corinto questionaram a sua autoridade, ele escreveu uma carta descrevendo o preço que pagara para levar o evangelho aos outros: "...fui três vezes fustigado com varas; uma vez, apedrejado; em naufrágio, três vezes; uma noite e um dia passei na voragem do mar" (2 CORÍNTIOS 11:25). Deus deu a Paulo a graça e a resistência necessária para arriscar a sua vida para levar aos outros as boas-novas do Salvador Jesus, sem pensar em recompensa pessoal.

Caso sejamos perseguidos ou elogiados por nosso serviço ao Senhor, que o nosso objetivo seja sempre a fidelidade a Ele e a gratidão por Seu sacrifício de amor. ●

DCM

A nossa lealdade a Jesus nasce do Seu amor por nós.

LEITURA DE HOJE: **2 Coríntios 11:23-31**

²³São ministros de Cristo? (Falo como fora de mim.) Eu ainda mais: em trabalhos, muito mais; muito mais em prisões; em açoites, sem medida; em perigos de morte, muitas vezes. ²⁴Cinco vezes recebi dos judeus uma quarentena de açoites menos um; ²⁵fui três vezes fustigado com varas; uma vez, apedrejado; em naufrágio, três vezes; uma noite e um dia passei na voragem do mar; ²⁶em jornadas, muitas vezes; em perigos de rios, em perigos de salteadores, em perigos entre patrícios, em perigos entre gentios, em perigos na cidade, em perigos no deserto, em perigos no mar, em perigos entre falsos irmãos; ²⁷em trabalhos e fadigas, em vigílias, muitas vezes; em fome e sede, em jejuns, muitas vezes; em frio e nudez. ²⁸Além das coisas exteriores, há o que pesa sobre mim diariamente, a preocupação com todas as igrejas. ²⁹Quem enfraquece, que também eu não enfraqueça? Quem se escandaliza, que eu não me inflame? ³⁰Se tenho de gloriar-me, gloriar-me-ei no que diz respeito à minha fraqueza. ³¹O Deus e Pai do Senhor Jesus, que é eternamente bendito, sabe que não minto.

Sentindo-se acorrentado?

LEITURA: **Salmo 16:1-11**

...aprendi a viver contente em toda e qualquer situação.
Filipenses 4:11

Boécio viveu na Itália do século 6.° e serviu à corte real como político altamente qualificado. Infelizmente, ele foi acusado de traição e preso e caiu em desgraça com o rei. Enquanto aguardava sua execução, pediu recursos materiais para escrever suas reflexões. Mais tarde, estas se tornaram um clássico espiritual sobre a consolação.

Quando Boécio estava na prisão, ponderando sobre as suas perspectivas sombrias, sua fé em Cristo o inspirou: "Nada é miserável, exceto aquele que pensa ser assim; e por outro lado, toda classe social é feliz, se quem nela estiver, se contentar." Ele compreendeu que é uma escolha individual a maneira como vemos as circunstâncias e o contentamento.

O apóstolo Paulo reforçou a ideia de que a maneira como vemos as nossas circunstâncias é mais importante do que as próprias circunstâncias. Enquanto Paulo esteve preso, também escreveu: "...aprendi a viver contente em toda e qualquer situação" (FILIPENSES 4:11). Esses dois homens conseguiram vivenciar o verdadeiro contentamento, porque encontraram a satisfação final em Deus, o Deus que nunca muda.

Você está preso a circunstâncias difíceis? Deus pode lhe conceder o contentamento. A satisfação duradoura só pode ser encontrada nele, porque em Sua "...presença há plenitude de alegria, [em sua] destra, delícias perpetuamente" (SALMO 16:11).

HDF

Se você tem o Senhor Deus,
você tem tudo o que é necessário.

LEITURA DE HOJE: **Salmo 16:1-11**

¹Guarda-me, ó Deus, porque em ti me refugio. ²Digo ao Senhor: Tu és o meu Senhor; outro bem não possuo, senão a ti somente. ³Quanto aos santos que há na terra, são eles os notáveis nos quais tenho todo o meu prazer. ⁴Muitas serão as penas dos que trocam o Senhor por outros deuses; não oferecerei as suas libações de sangue, e os meus lábios não pronunciarão o seu nome. ⁵O Senhor é a porção da minha herança e o meu cálice; tu és o arrimo da minha sorte. ⁶Caem-me as divisas em lugares amenos, é mui linda a minha herança. ⁷Bendigo o Senhor, que me aconselha; pois até durante a noite o meu coração me ensina. ⁸O Senhor, tenho-o sempre à minha presença; estando ele à minha direita, não serei abalado. ⁹Alegra-se, pois, o meu coração, e o meu espírito exulta; até o meu corpo repousará seguro. ¹⁰Pois não deixarás a minha alma na morte, nem permitirás que o teu Santo veja corrupção. ¹¹Tu me farás ver os caminhos da vida; na tua presença há plenitude de alegria, na tua destra, delícias perpetuamente.

Pontes vivas

LEITURA: **Jeremias 17:5-10**

Bendito o homem que confia no Senhor e cuja esperança é o Senhor. Jeremias 17:7

As pessoas que vivem em Cherrapunji, na Índia, desenvolveram uma forma singular de atravessar os muitos rios e córregos em suas terras. Elas fazem surgir pontes a partir das raízes de seringueiras. Estas "pontes vivas" levam entre 10 e 15 anos para amadurecer, mas uma vez crescidas, tornam-se extremamente estáveis e duram centenas de anos.

A Bíblia compara a pessoa que confia em Deus a uma "...árvore plantada junto às águas, que estende as suas raízes para o ribeiro..." (JEREMIAS 17:8). Por suas raízes serem bem nutridas, esta árvore sobrevive a temperaturas elevadas. E, durante a seca, continua a produzir frutos.

Como uma árvore firmemente enraizada, as pessoas que confiam em Deus são estáveis, vivem sua vida em plenitude, apesar de, às vezes, terem de enfrentar as piores circunstâncias. Em contrapartida, as pessoas que colocam sua confiança em outros seres humanos, vivem frequentemente com a sensação de instabilidade. A Bíblia as compara a arbustos do deserto, que frequentemente são malnutridos e solitários (v.6). É o mesmo que acontece com a vida espiritual das pessoas que abandonam a Deus.

Onde estão firmadas as nossas raízes? Estamos enraizados em Jesus? (COLOSSENSES 2:7). Somos uma ponte que leva outros a Ele? Se conhecemos Cristo, podemos testemunhar esta verdade: Bem-aventurados são aqueles que confiam no Senhor (JEREMIAS 17:7).

JBS

Nem mesmo as fortes provações conseguem derrubar quem está enraizado em Deus.

LEITURA DE HOJE: Jeremias 17:5-10

⁵Assim diz o Senhor: Maldito o homem que confia no homem, faz da carne mortal o seu braço e aparta o seu coração do Senhor! ⁶Porque será como o arbusto solitário no deserto e não verá quando vier o bem; antes, morará nos lugares secos do deserto, na terra salgada e inabitável. ⁷Bendito o homem que confia no Senhor e cuja esperança é o Senhor. ⁸Porque ele é como a árvore plantada junto às águas, que estende as suas raízes para o ribeiro e não receia quando vem o calor, mas a sua folha fica verde; e, no ano de sequidão, não se perturba, nem deixa de dar fruto. ⁹Enganoso é o coração, mais do que todas as coisas, e desesperadamente corrupto; quem o conhecerá? ¹⁰Eu, o Senhor, esquadrinho o coração, eu provo os pensamentos; e isto para dar a cada um segundo o seu proceder, segundo o fruto das suas ações.

Lorotas ou aventuras?

LEITURA: **Salmo 102:18-28**

Tu, porém, és sempre o mesmo, e os teus anos jamais terão fim. Salmo 102:27

Meu avô amava contar histórias e eu amava ouvi-las. Vovô tinha dois tipos de contos. As "lorotas" que eram histórias com um fundo de verdade, mas que se adaptavam em cada nova narração. E as "aventuras" que eram histórias realmente verídicas, e os fatos nunca mudavam quando recontados. Certo dia, uma de suas histórias pareceu-nos forçada demais para ser verdade. "Lorota", declarei, mas meu avô insistiu que essa era verdadeira. Apesar de sua narração nunca variar, simplesmente não conseguia acreditar nela, pois parecia incomum demais para mim.

Mas, certo dia, ouvi num programa de rádio o locutor recontar a mesma história, e isso confirmou a veracidade do conto de meu avô. De repente, a "lorota" de meu avô se tornou "aventura". Foi um momento realmente comovente para mim e aquela lembrança o tornou ainda mais merecedor de minha confiança.

Quando o salmista escreveu sobre a natureza imutável de Deus (102:27), ele estava nos oferecendo o mesmo conforto — a confiabilidade de Deus. A mesma ideia se repete com estas palavras na carta escrita aos hebreus: "Jesus Cristo, ontem e hoje, é o mesmo e o será para sempre" (13:8). Essa declaração pode ajudar-nos a refletir sobre o que está acima das nossas provações diárias, e nos lembrar de que um Deus confiável e imutável governa até mesmo o caos de um mundo constantemente em mudança. ⦿ RKK

Permita que ao enfrentar dificuldades, o Deus imutável invada o seu coração com a Sua paz.

LEITURA DE HOJE: Salmo 102:18-28

¹⁸Ficará isto registrado para a geração futura, e um povo, que há de ser criado, louvará ao SENHOR; ¹⁹que o SENHOR, do alto do seu santuário, desde os céus, baixou vistas à terra, ²⁰para ouvir o gemido dos cativos e libertar os condenados à morte, ²¹a fim de que seja anunciado em Sião o nome do SENHOR e o seu louvor, em Jerusalém, ²²quando se reunirem os povos e os reinos, para servirem ao SENHOR. ²³Ele me abateu a força no caminho e me abreviou os dias. ²⁴Dizia eu: Deus meu, não me leves na metade de minha vida; tu, cujos anos se estendem por todas as gerações. ²⁵Em tempos remotos, lançaste os fundamentos da terra; e os céus são obra das tuas mãos. ²⁶Eles perecerão, mas tu permaneces; todos eles envelhecerão como uma veste, como roupa os mudarás, e serão mudados. ²⁷Tu, porém, és sempre o mesmo, e os teus anos jamais terão fim. ²⁸Os filhos dos teus servos habitarão seguros, e diante de ti se estabelecerá a sua descendência.

É só o começo

Onde está Deus?

LEITURA: **Marcos 4:35-41**

**...Por que sois assim tímidos?!
Como é que não tendes fé?** Marcos 4:40

Quando eu era criança, meu pai pastoreava uma tribo de índios na Amazônia. Certa vez, íamos para lá num pequeno avião e nos deparamos com uma "tempestade perfeita" que arremessava a aeronave para todos os lados. Meu pai estava nervoso, porém confiante. Quando pousamos, ele disse ao piloto que seu sorriso constante lhe transmitira paz. O piloto confessou que aquilo era sinal de nervosismo.

As tempestades não são estranhas em nossa vida e normalmente nos levam a questionar onde Deus está em meio a tudo isso.

Nesse texto, Jesus está dormindo enquanto atravessa o mar da Galileia com Seus discípulos. De repente, se levanta um grande temporal. Os homens, incrédulos, o acordam e perguntam se Ele não se importava que eles morressem. O adequado seria dizer: "Deus, o que o Senhor deseja comigo?"

Depois de acalmar a tempestade, Jesus repreendeu os Seus discípulos por terem fé tão pequena. Ter fé é ter confiança nas promessas de Deus. Neste caso, a resposta de fé deveria ser: "Mestre, tudo parece apontar em direção contrária, mas se tu disseste que iríamos chegar do outro lado, é porque vamos chegar lá."

As tempestades que Deus permite em nossa vida são para nos treinar para as coisas que Ele ainda tem para nós aqui e na eternidade. Você consegue imaginar o que Deus pode fazer com um povo totalmente entregue nas mãos dele? ◉   DCG

**Jesus se importa tanto conosco
que entrou no barco da história humana.**

LEITURA DE HOJE: **Marcos 4:35-41**

³⁵Naquele dia, sendo já tarde, disse-lhes Jesus: Passemos para a outra margem. ³⁶E eles, despedindo a multidão, o levaram assim como estava, no barco; e outros barcos o seguiam. ³⁷Ora, levantou-se grande temporal de vento, e as ondas se arremessavam contra o barco, de modo que o mesmo já estava a encher-se de água. ³⁸E Jesus estava na popa, dormindo sobre o travesseiro; eles o despertaram e lhe disseram: Mestre, não te importa que pereçamos? ³⁹E ele, despertando, repreendeu o vento e disse ao mar: Acalma-te, emudece! O vento se aquietou, e fez-se grande bonança. ⁴⁰Então, lhes disse: Por que sois assim tímidos?! Como é que não tendes fé? ⁴¹E eles, possuídos de grande temor, diziam uns aos outros: Quem é este que até o vento e o mar lhe obedecem?

Tal qual estou

LEITURA: **Isaías 55:1-7**

Inclinai os ouvidos e vinde a mim; ouvi e a vossa alma viverá; porque convosco farei uma aliança perpétua... Isaías 55:3

Enchi-me de boas lembranças ao assistir um concerto. O líder da banda acabara de anunciar a música que estavam prestes a cantar: *Tal qual estou*. Lembrei-me de como, anos atrás, ao final de seus sermões, meu pastor pedia às pessoas para virem à frente enquanto cantávamos esse hino. Esse ato indicava, publicamente, que elas gostariam de receber o perdão que Cristo oferece por seus pecados.

O líder da banda sugeriu outra ocasião em que poderíamos cantar esta música. E comentou que gosta de pensar que quando morrer e encontrar o Senhor, cantará em agradecimento a Ele:

Tal qual estou eis-me, Senhor; Pois o teu sangue remidor Verteste pelo pecador; Ó Salvador, me achego a Ti! (CC 266)

Antes de escrever este hino, Charlotte Elliott perguntou ao pastor como poderia encontrar-se com o Senhor. Ele lhe respondeu: "Venha como está." Ela o fez, e, mais tarde escreveu esse hino sobre o dia em que conheceu o seu Salvador, e Ele a perdoou dos seus pecados.

O Senhor nos incentiva a buscá-lo em Sua Palavra: "Buscai o Senhor enquanto se pode achar" (ISAÍAS 55:6). Ele chama os nossos corações: "Ah! Todos vós, os que tendes sede, vinde às águas [...]....e vinde a mim; ouvi, e a vossa alma viverá..." (vv.1,3).

Graças ao sacrifício de Jesus, podemos entrar em Sua presença agora mesmo e, um dia, teremos a eternidade para estar com Ele. Tal qual estou, me achego a ti!

AMC

"...Aquele que tem sede venha, e quem quiser receba de graça a água da vida." APOCALIPSE 22:17

LEITURA DE HOJE: Isaías 55:1-7

¹Ah! Todos vós, os que tendes sede, vinde às águas; e vós, os que não tendes dinheiro, vinde, comprai e comei; sim, vinde e comprai, sem dinheiro e sem preço, vinho e leite. ²Por que gastais o dinheiro naquilo que não é pão, e o vosso suor, naquilo que não satisfaz? Ouvi-me atentamente, comei o que é bom e vos deleitareis com finos manjares. ³Inclinai os ouvidos e vinde a mim; ouvi, e a vossa alma viverá; porque convosco farei uma aliança perpétua, que consiste nas fiéis misericórdias prometidas a Davi. ⁴Eis que eu o dei por testemunho aos povos, como príncipe e governador dos povos. ⁵Eis que chamarás a uma nação que não conheces, e uma nação que nunca te conheceu correrá para junto de ti, por amor do Senhor, teu Deus, e do Santo de Israel, porque este te glorificou. ⁶Buscai o Senhor enquanto se pode achar, invocai-o enquanto está perto. ⁷Deixe o perverso o seu caminho, o iníquo, os seus pensamentos; converta-se ao Senhor, que se compadecerá dele, e volte-se para o nosso Deus, porque é rico em perdoar

Vida com expectativas

Minha vida se caracterizou por uma série de expectativas. A primeira foi o desejo de saber o porquê de eu estar no mundo. Nisto fui ajudado pela leitura de um livreto, *O sentido da vida* (Livraria Liberdade, 1963) escrito por John A. Mackay.

Com 21 anos, decidi ir a São Paulo para estudar Administração Industrial. Quando as malas já estavam prontas, eu morava em Curitiba, meu pai abriu a Bíblia e leu Provérbios 3:5-7. Este texto se tornou num referencial para mim:

> *Confia no Senhor de todo o teu coração
> e não te estribes no teu próprio entendimento.
> Reconhece-o em todos os teus caminhos,
> e ele endireitará as tuas veredas.
> Não sejas sábio a teus próprios olhos;
> teme ao Senhor e aparta-te do mal.*

A descoberta do sentido da minha vida se deu quando eu assistia a um culto numa igreja em São Paulo. Deus me chamava para ser um missionário.

A segunda expectativa foi achar uma companheira idônea. Eu a encontrei na pessoa de uma jovem, Marlene, que esteve ao meu lado, sempre ajudando, ao longo de 50 anos.

Outra expectativa foi ver os filhos crescidos e preparados para enfrentarem a vida. Cada um tomou o seu rumo, seguindo pelos caminhos da música, agronomia e contabilidade.

As expectativas foram acontecendo. Quando o terceiro filho, João Marcos, estava com 8 anos, fiquei muito doente. Pedi a Deus a bênção de vê-lo completar seus 18 anos. Isto foi há 40 anos! Deus é gracioso.

Em minha trajetória de vida, as expectativas foram divididas em etapas de 10 anos. Chegar aos 40 anos foi uma alegria, que se repetiu ao completar meio século de existência. Sessenta anos foi o tempo de pensar na aposentadoria, o que de fato aconteceu. As atividades, contudo, não pararam. Cessado o trabalho missionário em várias frentes, surgiu a capelania na Faculdade Batista do Paraná, que se estendeu por 12 anos! Nova meta foi chegar aos 70 anos, o que foi muito bem comemorado na casa do filho Davi, no interior de São Paulo. Enquanto dava uma boa caminhada pelas estradas de terra na região, pedi que Deus me desse mais cinco anos. Na altura dos 75 anos, fiz uma oração no meio de uma praça em Curitiba. Pedi mais 5 anos! Sempre que passava por aquela praça a caminho da Faculdade para atender na capelania, eu conversava com Deus dizendo: "Senhor, Tu te lembras da oração que fiz!" Quando se aproximava o dia dos meus 80 anos fui ao culto na Igreja Batista do Bacacheri, em Curitiba. O pregador da noite, Pr. L. Roberto Silvado, no fim da mensagem fez o apelo. Eu me ajoelhei e falei com Deus sobre o desejo de chegar aos 85 anos. Agora já passaram três anos. Faltam 2!

Converse com Deus sobre os anos da sua vida. Faça a sua parte. Cuide da sua saúde física, mas de modo muito especial cuide da saúde espiritual. Com certeza, o *Pão Diário* muito o ajudará na sua caminhada. Faça a sua parte e Deus fará a parte dele.

Um importante ingrediente nas expectativas é a tomada de decisão. Não me esqueço de uma experiência que vivi na altura dos meus 55 anos. Foi no encontro com um homem idoso, Sr. Miguel, que tocava bandolim. Porque eu também conhecia o instrumento tivemos uma boa conversa. Ele falou bastante e eu me impressionava porque nada dizia sobre as suas dores. No andar da conversa, perguntei: "Irmão Miguel, até agora o senhor nada falou sobre coisas tristes! " Ele respondeu: "Há tanta coisa bonita para se falar. Por que falar das dores? " Ali estava um idoso alegre! Decidi então que, se Deus me permitisse chegar à velhice, eu também gostaria de ser um idoso alegre.

Na idade avançada é difícil vivenciar a alegria, mas é possível cultivá-la pela graça de Deus. A alegria tem duas vertentes. Uma delas é a alegria circunstancial, que chega quando recebemos alguma coisa que nos dá prazer. A outra é a alegria espiritual, que é produzida no coração pelo Espírito Santo. Ela não depende de circunstâncias, porque é uma das facetas do fruto do Espírito, conforme a palavra do apóstolo Paulo em Gálatas 5:22,23. Ela é continuamente realimentada pelo Espírito Santo. Vivenciá-la gera saúde e bem-estar. As pessoas gostam de ficar perto de um idoso sorridente e alegre. Cultive a alegria no seu coração! Os seus filhos e netos, e aqueles que o cercam, vão agradecer!

SAMUEL MITT